高鸣 著

智慧家教200例

山东城市出版传媒集团·济南出版社

自序

家长的理念才是孩子的起跑线

高鸣

常听一些年轻的家长说:"不能让孩子输在起跑线上。"在此想法的指导下,他们让幼小的孩子上学前班,过早地学习本该在学校里才学的东西;不问孩子的兴趣爱好,让其学武术,学跳舞,弹钢琴,以实现多才多艺。更有甚者,为了让孩子进入所谓的名校,不惜花重金购买学区房,结果是"赔了夫人又折兵",既花了冤枉钱,又把孩子推入了分数教育的"火坑"。

殊不知,拔苗助长式的教育方式,赢不了孩子的起跑线。因为孩子的起跑线,不在于提前学会了拼音、多识了几个字之类。

孩子的起跑线在哪里?在家长的理念。

俗话说:"一个好家长,胜过一百个好校长。"影响孩子成长的最大因素在家长,家长的榜样作用,加上好的理念的言传,将对孩子的进步、孩子的选择,起到事半功倍的作用。

试想,作为一个家长,自己没有远见卓识,无所作为,而把希望一味寄托在孩子身上，逼着孩子学这学那，逼着孩子以分数为标准，读死书。在这样的家庭氛围中，孩子的身心受到的是伤害，而不是有益的成长，如何赢在起跑线上？

所以，若要孩子好，赢在起跑线，赢得终身，关键的问题是家长自己要优秀，要具备良好的理念和思想方法，这样才能去正面影响下一代。这就要求家长胸怀大志，多读好书，独立思考，积极向上，不断提升自己的认识。

家长是土壤，孩子是种子。良田出好苗，好苗在良田里才能茁壮成长。

目录

上篇　精养女儿

女儿的话
高韵冽：我是如何被"制造"出来的　　005

穿衣服的故事　　007
批评父母　　008
批评自己人　　009
还是我的错　　010
做聪明的好人　　011
耐心　　013
表面现象　　014
读"笑话"　　015
农民卖水果的启示　　016
皇帝走的门　　017
养鸡学"琢磨"　　018
车里有只死老鼠　　019
性格与命运　　021
邵飘萍用人　　022
淹不死的大树　　023
时尚与"时好"　　024
赚风景的钱　　025

为了社会的发展、人类的进步，人们要学会用批判的眼光看世界。如何学会？首先从小时候批评父母做起吧。

精养
女儿

走路的时间	026
不要 100 分	027
挤牙膏	029
坏是一种笨	029
背女式包	030
再跑 50 米	031
没有责备	031
服侍自己	032
别织毛衣	033
铁拐李说桥	034

> 有些事碰到挫折是难免的,关键要分析遭受挫折的原因,找出自己的过失和弱点并克服它。至于"痛",尽快忘记为好。人生路很长,关键朝前看。

对手	037
记疤忘痛	038
多点附加值	039
肚子不是垃圾桶	040
投资与消费	041
己所欲不施于人	042
十个路标	043
光线的启发	044
为善的钱必须自己挣	045
一条"校规"	046
可以"早恋"	047
好事快办	048
报销	049
其实能进	051

精养女儿

反穿拖鞋	053
不唯专家	054
不给玩具	055
思考换位	057
借力	058
宁可机会负我	059
向自己学习	060
酒席台上	061
潇洒	062
把风险留给自己	063
塌了厂房还在笑	064
"清富"	065
手表	066
买车不选号	067
避短与补短	068
买家具的启示	069

"不唯专家",就是不畏权威,独立思考。女儿在我的教育下,从小就善于独立思考,敢于挑战权威,从不人云亦云。

精养女儿

次次当作第一次	071
"对不起"	072
偷棋	073
放风筝	074
敢于下水	075
对别人好一点	076
老实是福	077
角色感	078
吃苦与受苦	080
说"活络"	081
成熟与幼稚之间	082
危险的优越感	083
面子问题	084
首要问题	086
"21"	087
该简单的要简单	088
劳者多能	089
放学生出校门	090

> 我把每一次上台演戏都当成第一次，总不敢马虎，即使演过几百场，滚瓜烂熟的戏，上场前也总要温习温习，做好准备。

精养女儿

相信美好,是一种乐观的、积极的心态。相信美好,才会激发自己的主观能动性,去克服一切不如意的因素,为美好的到来创造条件。

知道什么是更重要的	093
从小做家务	094
读书的地方	095
概率	096
看奶奶打乒乓球	097
兴趣和特长	099
相信美好	100
讲理的地方	101
孤单	102
向爷爷学平易	104
先看政治新闻	105
一个女孩的特长	105
生命的长与好	106
12小时飞行	107
女儿的"处女作"	108
开水与水果	109
煮稀饭	110
穿补丁衣	111

下篇　精养男孩

外公的话
高鸣：重要的是让孩子明理　　　　　115
妈妈的话
高韵冽：你好，境远兄！　　　　　　117

称兄道弟	121
我的小助理	122
境远说，他厌学	123
参议"家政"	124
境远的公平观	125
周末生活	126
苏格拉底的假苹果	127
话说坚持	128
我的建议	129
失败是我的错	130
亲密关系	131
知足者苦	132
说宠道爱	133
说"谢谢"	134

相信自己，有苹果味的才是真苹果；没有苹果味的，哪怕貌似，哪怕权威认定，哪怕人人认可，也是假苹果一个！没有这点自信，做人也枉然，一头羊而已。

精养男孩

> 孩童是一面镜子，可以照见成年人的某些不堪。孩童值得成年人好好学习。

做妹妹的好榜样	137
家里的"洗碗工"	138
和老师的相处之道	139
买书成瘾	139
鼓励提问	140
出钱当股东	141
向伊森学习	142
重视沟通	144
别喝心灵鸡汤	145
善待异见	145
无事生是	146
经得起批评	147

> 经验不可全信，概念不可全信，权威不可全信，大多数不可全信。

四个不可全信	149
用希望治忧郁	150
交友三原则	151
一个人的首要问题	152
克服这个时代	153
为什么要上学？	153
境远的一个好奇	154
观电影《骡子》	155
廖智的故事	156
对弱者的态度	157
马上去做	157
蟋蟀和蚂蚁	159

另类思维	161
忘掉分数	162
赚同学的钱	163
自我估价	164
成熟的意义	165
批评不能过分	167
明天的糖	168
小笨是福	169
停在18岁	170
小心假象	171
多多表扬别人	172
胆子大一点	173
选择硬道理	174
学会忽略	175
向麻雀学习	176
钱不是个数字	177
离婚是一件幸事	178
适度"旷课"	179
一念之长	179
活着的意义	180

一个人的另类思维，大概一半靠先天，一半靠后天培养。我发觉，境远身上颇有另类思维的基因，我有意识地鼓励他、培养他，期望他发扬光大这种思维。

幸福不是梦	183
早读名著	184
你要被需要	186
说话艺术	186
论合群	187
良知与认知	188
偶尔发发呆	189
活在明天	190
野蛮其体魄	191
有限信任	192
养成思考的习惯	193
绿叶虽好，还要红花点缀	194

幸福和美一样，不是这个世界缺少幸福，而是部分人类缺少对幸福的感受。

> 仰望星空，会开阔心胸，从长远计，从大处看，不会小肚鸡肠，计较一时的得失。

对孩子多一点依赖	197
立志要早	198
仰望星空	199
身在苦中要知苦	200
做布鞋式的男孩	201
奖励身边好人	202
陌生人问题	203
一位法国市长如是说	204
因果关系	205
极度专注才是诀窍	206
植物的智慧	207
随缘，是个伪命题	208
知虚者强	209
交三五知己	210
看病友	211

想法比智商和能力更重要	213
靠人的四个要素	214
自悟	215
创业，才有人脉	216
多照照镜子	217
要微信，也要写信	218
长板理论	219
别有私敌	220
拍照不看镜头	221
竹林鸡	222
胜而有利才好	223

只有想法对了，智商和能力才有意义，才有用武之地。

附录：唐境远趣事

唐境远的心声	225
唐境远说"你真笨"	226
唐境远分糖	227
唐境远的逻辑	228
唐境远说"装病"	228
唐境远说"惊喜"	229

上篇　精养女儿

高鸣老师和女儿高韵洌

谢谢高鸣老师，说实在的，你精心培养女儿的精神和实践实在是让我感动。我的女儿和高韵洌差不多年纪时，由于没有像你这样的精心培养，还处于混沌状态，而你把女儿培养到了初中就上大学，真是一个奇迹。你的小故事我一个个读过去，感触良多，想想我也碰到过有些一样的事情，却没有这么多的思考和这么多的领悟，对于你更加心生钦佩。你在平淡和朴实中成就了女儿，也实现了自己。陶行知说，人生为一件大事而来。你来了，做了两件大事，教育好了女儿，并且成了所有父亲应该学习的榜样。

俞敏洪

新东方教育集团有限公司　董事长兼总裁

"教女有方",原是在各种场合说给别人听听的,后来鼓励成书的声音多了,遂凑成百篇,结集成册。成稿后,分送友人批评,引来纷纷好评。鼓励出书,纷纷好评,说明一个问题:越来越多的人开始质疑传统的教育模式,呼唤"创新"的教育理念和途径。我相信,在教育子女的问题上,比我"有方"的大有人在,我只是说出来了、写出来了而已。但愿此书之"砖",引来万千之"玉"。

高鸣

女儿的话

高韵冽：我是如何被"制造"出来的

最近爸爸告诉我，他写了一本关于怎么教育我的书，想让我也说些话。我想他的意思是想让我谈谈我对他教育的感受。为此，我不但好好拜读了他这100篇"大作"，还认真回忆了我能回忆起来的成长过程中的点点滴滴。我觉得书中这些故事都是真实的，但是这些故事中所阐述的道理带有爸爸个人的主观性。我的意思是说，我是爸爸妈妈一起"制造"出来的，我身上带有他们两个人性格、思想、习惯的深刻印记，但是我不是某个人某个教育理念言传的产物，现在的我是他们共同的遗传之变异和多年身教的结果。

其实，如果让我自己说我是如何被"制造"出来的，我更愿意说：我是"杂交品种"。我的父母有很多两极的特征：爸爸是个比较传统的知识分子，妈妈是个天生的商业人才；爸爸对人对事天真宽容，妈妈敏感而警惕；爸爸自由率性，妈妈无论工作还是生活都兢兢业业，追求极致……看了以上描述，你千万不要以为这是完美的互补婚姻，其实，我们家经常"战火纷飞"，各种传统的道理和规律在我家被彻底颠覆。有人说，"阶级斗争"不是东风压倒西风，就是西风压倒东风，但是在我家，经常是上午刮东风，下午刮西风；有人说，家不是一个讲理的地方，讲的是爱，但是在我家，爱不用讲，理一定要讲清楚，大小道理都要讲，接不接受也要讲，有利益没利益全要讲；一般人家，总是大人谦让小孩，可是在我家，由于各种原因倒过来也不好说，比如爸爸会跟我抢电视遥控器。

即使是我的爸爸，这本书的作者，身上也有很多两极的特征：他思想开放而超前，比如他认为世界上不该有婚姻，但是他行为传统而怀旧，至今用手帕，不喜女孩子染头发；他赞成西方的理念，要求平等和民主，但是他尊崇东方的人情，不喜西方人一板一眼的个人主义；他只戴30元的手表，但是要吃300元一盒的进口饼干……

这就是我从小生活的大环境，我们家既是个性思想的秀场，又是辩证法和平衡术的实践地。从小，我就乐于思考：到底是爸爸对，还是妈妈对，还是他们都不对，或者都对？当他们意见相左，绝对不能统一的时候，我总是试图拿出一个可以让大家都接受的方案。

自我审视后我发现，从遗传的角度说，我具备了爸爸的思想方法和妈妈的性格特征，爸爸辩证且实事求是，妈妈坚强而果断；从身教的角度说，我主要学习了爸爸的变通和妈妈的不折不挠的韧性。当然，其中不免有糟粕和缺点，这里就不赘述了。

通过这本书的"一斑"，希望可以让你窥视到我家这"全豹"，我觉得它非常有意思，因为在这么多冲突和矛盾的背后，这个家庭的成员善良、进取，最重要的是道相同——共同努力建设好家庭的精神文明和物质文明，所以我们依旧其乐融融。我的家庭很可爱，我的家庭"痛并快乐着"。

为了社会的发展、人类的进步,人们要学会用批判的眼光看世界。如何学会?首先从小时候批评父母做起吧。

穿衣服的故事

女儿满18个月的那一天,我们家把她送到了机关幼儿园。和别的家长一样,第一天把孩子送进幼儿园,总要关照几句,和别的家长不一样的是,别的家长一般会对孩子这么说,在幼儿园要听老师的话,而我正好相反,我告诉她:"在幼儿园别什么都听老师的话,老师和爸爸妈妈一样,常常会把话说错的,你一定要独立思考,思考不清楚的,回家时可和爸爸交流看法。"

果然,这第一天老师就说了一句大错特错的话。事情是这样的:这一天我夫人给我女儿多穿了一件衣服,在课堂上我女儿觉得太热,就把外衣脱下放在课桌上了。不料老师走过来批评我女儿说:"韵洌,你怎么把衣服脱下来呢?你看你看,别的小朋友都把衣服穿好的,快把衣服穿好。"放学回家的路上,我女儿给我讲了这个穿衣服的故事。她说她不知是自己错了,还是老师批评错了。我当即明确告诉她,是老师错了。借这个机会,我就跟她讲了人为什么要穿衣服的道理。人是高级动物,不像野生动物身上长着毛,人不能靠身上的毛御寒,便只能用衣服保暖,衣服还有把人打扮得漂亮的功能。所以,人穿衣服,一为保暖,二为漂亮,跟穿多少衣服没有丝毫的关系。我为什么不轻描淡写地说老师错了，而要说那位老师大错特错呢？因为我实在觉得"你看你看，别的小朋友都把衣服穿好的，快把衣服穿好"那句话可怕。生活中我们常常可以看到这样的景象，一对举行婚礼的新人穿着礼服站在大酒店的门口恭候亲友，哪怕是寒风凛冽，也照立不误。以前我不理解为什么结婚一定要举行婚礼，为什么婚礼都有一个模式。"穿衣服的故事"让我懂得了，这都是老师闯的祸，让孩子从小就学会和别人一样，随大流，而不去研究为什么要穿衣服、结婚的标准是什么（结婚有两个标准，一为法律标准，二为感情标准，跟婚礼毫无关系）。

批评父母

上级批评下级容易，下级批评上级不容易。父母批评子女容易，子女批评父母不容易，尤其是子女尚小的时候，似乎更没有权利批评父母。我觉得这种现象不公平，没道理，决定在自己家里改革。

大约是女儿上幼儿园大班的时候，征得她妈妈的同意，有一天吃过饭，我们一家三口围坐在一起，请女儿分别指出爸爸、妈妈身上三个明显的缺点。女儿稍加思索便一一说来，批评她妈妈的三个缺点是——批评人不注意方法，工作辛苦不注意休息，任劳不任怨；批评我的三个缺点是——家务做得太少，麻将打得太多，不注重仪表。真是知父母莫若子女啊！女儿批评父母，果然一矢中的。我和她妈妈当即表扬她批评得好，过后虽然谈不上痛改前非，倒也改了几分。对能够批评父母，女儿感觉良好，增强了和父母的平等意识，还增进了和我们的感情，同时，更容易接受我们对她的批评，不似以前有逆反心理了。比如，她看书、写字，眼睛习惯离得很近，过去我们批评她，她当耳边风，因为她一时也感觉不到那样容易引起近视。自从她批评了父母以后，我们再向她指出这一毛病，她就欣然改正了，也许是她认识到拒绝批评是不对的，大人还接受批评呢，何况小孩！

从小养成了批评父母的习惯，还有助于长大批评老师，批评校长，批评自己的顶头上司，乃至批评社会上的不良现象。女儿在小学一年级时，语文老师让学生用"过"组词。女儿写了"过目"，老师批她错了，说应该写"过桥""过河"，她反批评说，老师你错了，我在电视剧里看到"过目"这个词的。在初中一年级时，寄宿学校把学生一天24小时排得满满的，没有一点自由活动的时间，许多学生有意见不敢提。我女儿找到校长，又是批评又是建议，终于为学生争取到了每天一小时的自由活动时间。在国外上大学期间，她写了几十篇批评社会不良现象的杂文。

为了社会的发展、人类的进步，人们要学会用批判的眼光看世界。如何学会？首先从小时候批评父母做起吧。

批评自己人

批评是一种武器，人人用得着。别人错了，我们可以批评他；自己错了，我们可以自我批评；"自己人"错了，我们也可加以批评。对大部分人来说，批评他人比较容易，自我批评和批评"自己人"就难一些。

有一次，我带着5岁的女儿和我的一位表弟去乘公共汽车。表弟机灵，汽车刚停稳便冲了上去，不仅自己抢到了座位，还帮我占了一个座位，为此与别的乘客争了起来。见此情景，我站在别的乘客的立场上说话，批评表弟不该一个人占两个位子，要求他让出一个座位。表弟听了我的话，不与别人争吵了，但一脸的不高兴，显然是为好心没好报而怨，怪我不该帮着别人批评"自己人"。回家以后，女儿也批评我做好人，让她表叔在众人面前"出洋相"。借此机会，我向女儿讲了一番情与理。我对她说，从感情上说，表弟和其他乘客相比，我当然和表弟更亲一些，一方是传统意义上的"自己人"，另一方是所谓"外人"，但从道理上讲，今天表弟帮我抢占座位是错的。情和理发生矛盾的时候，"理"大于"情"，就如同法与情一样，"法"大于"情"。如何处理情和理，反映了一个人的道德水准。理在谁一边，就帮谁，就站在谁一边，这叫作公道。当"自己人"和"外人"发生利益冲突时，假如"自己人"错了，我们就批评"自己人"，这就体现了公道。

女儿听了我上述的话，若有所思。若干年以后的表现证明，她把我的话听进去了，接受了"公道"的道理，并愿意从自己做起。有个实例：她小学毕业那一年，学校开运动会，她所在的班级和另外一个班级比赛拔河，她所在的班级赢了，但她发现，自己班级赢得不光彩——作弊了（多上了一个选手）。她毅然把这一情况向裁判反映，并要求改判。有同学说："高韵冽，你还是班长呢，怎么没有集体荣誉感，胳膊向外弯？"女儿理直气壮地回敬说，这叫公道，这叫正直，这叫不搞小团体主义。

还是我的错

一天放学时，下起了倾盆大雨，我打着伞去学校接在那里读一年级的女儿。走在雨天的路上，我突然被疾驰而过的汽车溅了一身的水，成了"落汤鸡"。女儿说，那个驾驶员怎么这样没素质，他看到路上有水,路边有人,应该把车开得慢一点。我说,别怪他人,还是我的错。第一,我该预料到有这种事发生,事先离水远一点;第二,我手上拿着伞,车开过来,我其实可以用伞挡一挡的,那就不至于变成"落汤鸡"了。

成了"落汤鸡"是坏事,而我从坏事中找"好处",好处是,我以此教育身旁的女儿,碰到困难,遭遇挫折,出了问题,不要一味推客观,找别人的毛病,大发牢骚,那样很容易,但无济于事,正确的态度是,从自己身上找原因,找缺漏。这样,可以总结有益的经验,吸取有益的教训,以利今后。

"还是我的错",女儿把这句话写在纸上,贴在笔记本的封面上,时时事事以此告诫自己。她的钱包被偷了,她没骂小偷,说:"还是我的错,没有小心防偷。"

做聪明的好人

女儿平时大多笑嘻嘻的,可有一次,大概是她一年级的时候,见她低着头,苦着脸,分明很不开心。问其缘故,答曰:"今天有个叫花子讨饭到我们家门口,见他可怜,我就把他带进门,给他吃外婆现做的面饼,待他吃完后,我又跑进后房卫生间想给他拿擦手毛巾,出来发现叫花子不见了,桌子上外公的收音机没有了。"为此,她才闷闷不乐的。

我问女儿对此事是怎么想的。她沉思了一会说:"我很矛盾:如果看到一个人有困难而不帮助他,心里会很难过;可是像这样,帮助到最后却让自己受了骗,害外公被偷了心爱的收音机,心里也不好受,还很懊恼,觉得很迷茫:好人做错了吗?以后还该不该做好人?"

我觉得这是一个严肃的问题。乐于助人是好的，可是做傻好人是不行的，我要让她做一个聪明的好人。我启发她："这个叫花子有什么特征？以前见过吗？多大年纪了？你跟他说了些什么？"女儿回忆了一下说："他年纪不大，大概40多岁，有点脏，以前没见过。他到我们家门口站了一会儿，开始的时候外公在我身边，后来外公去买菜了，他走近我说：'小妹妹，我好几天没吃饭了，能不能让我吃点东西？'"说到这里，女儿好像明白些什么了，她接着说："现在想起来，他是有点不对劲，以前这里也常有讨饭的，不过都是年纪很大的人，早就失去了工作能力，而且他们通常会向外公外婆乞讨，好像怕吓到我。可是这个人，还年轻却不工作，在门口看了许久，看到外公走了才向我开口，的确可疑。"说到这里，她的小脸仿佛一下子开朗了很多。

我心里一阵欢喜，女儿很聪明，不用我说，她已经自己理出了思路。我接着问她："那么以后，你还会帮助别人吗？"女儿抬起头，坚定地说："我会继续帮助需要帮助的人，而不仅仅是向我提出请求的人。"我很惊讶女儿会用"需要"和"请求"来区分帮助的对象，她接着说："首先，我要先观察他是不是真的需要我的帮助，在我的帮助之前，他自己尽力了吗？其次，在帮助的过程中，我也要尽量保护自己不受伤害，比如这次，带陌生人进门就有危险，而且还把他独自留在客厅里，更有危险。"

从那以后，女儿不改善良本色，仍然不避讳上门乞讨的人，但是不再轻易把他们叫进自己家，而是一边跟他们说话，了解他们的家世，一边叫外婆拿吃的送他们离开。

做人，就要做聪明的好人。

耐心

　　人是要有耐心的，假如没有耐心，许多事情是办不成的，但没有耐心，是很多人的通病。为了培养女儿的耐心，我是费了一点苦心的。我先问自己，如何才能培养一个人的耐心呢？想来想去，我得出了两点结论：一是要让人懂得，万事万物都有其发展规律，人只能去适应它，或通过自身的努力，有限地促使它朝着有利于人的方向发展；二是让人品尝到有耐心的甜头，所谓利益驱使。

　　想通了，就好对症下药。我记得自己小的时候，与一家邻居同一天在相邻的自留地里种山芋，后来几个月中，两块山芋地几乎是同样的管理，但只因为邻居家中粮食青黄不接，比我家提前5天收获山芋，结果我家出土的山芋比邻居的居然大了一倍。儿时的这件事让我记忆深刻，也让我品出了道理——山芋有它的生长规律，耐心是收获的一部分。为了让女儿能从一件事中懂得耐心的重要性，有一年秋天快到收获山芋的时节，我把她带到农村老家住了10天。头一天就和她一起下地挖山芋，并把挖出的山芋放着，到了第十天，我又和她一起去同一块地里挖山芋，并把挖出的山芋与先前挖出的两相比较，结果自然和我儿时的经验一样——晚出土的比早出土的大许多。我借此告诉女儿，成功往往在最后的努力或等待中。当时才7岁的女儿在实例面前，又听了我上升到理论的话，若有所思，频频点头。

　　俗话说，女儿像父亲。这大概是遗传的一般规律吧。她和我一样，从小就喜欢吃巧克力，常常会拉着我去店里买。也是为了培养她的耐心，有一次我拿了一块巧克力问她："你现在是不是很想吃这块巧克力？"她答："是的。"我说："你现在忍着不吃，到明天我加倍给你，让你吃两块。"我没给她选择的余地，细察她的表情，三分失望，七分期待。当我第二天早晨果然给她两块巧克力时，我见她笑得灿烂，其中分明既有多得了的喜悦，又有经过耐心等待收获成功的快感。

表面现象

人总是要和事物的表面现象打交道，但决定人切身利益的恰恰是事物的本质。因此，透过现象看本质不可或缺。问题是，透过现象看本质是比较难的。难就难在，本质常常躲在现象的背后，没有慧眼难见本质；难就难在，有些现象往往和本质连在一起，密不可分，比如"山雨"这个本质就和"风满楼"这个现象紧密相连。

那么，如何才能透过现象看本质呢？我以为，关键在三条。一条是首先要懂得现象不等于本质，另一条是要调查研究。毛主席说得好，"没有调查就没有发言权"，意思就是讲，没有调查就不知道本质是什么，当然没有发言权。再一条是要总结经验。上述三条都是抽象的，如何才能让女儿从小懂得这些道理呢？如何才能让女儿学会从表面现象的背后去抓住事物的本质呢？实践出真知，我得带着女儿去实践。

机会来了。1992年，我们家决定，我们夫妻俩在不放弃第一职业（新闻工作）的同时，做一份第二职业——开饭店。开饭店是要找店面的，在小学读书的女儿下午放学后，我们带着她一起去找店面。我们看中了无锡市崇宁路一条街，一来这里是市中心，二是这里饭店云集，已经"店多成市"。可是问题来了，这里的门面不是住着人家，便是正开着店，也就是说，我们看到了店面"一室难求"的现象。好在我们懂得现象不等于本质的道理，我们知道要调查研究。于是，我们带着女儿挨家挨户询问，哪家住户愿意搬家，哪家店铺愿意转让。问了一百多家，终于有一家理发店愿意出让店面，因为我们给的房租是每年两万五，而店主开理发店的收入当时是每年一万元左右。以此为例，我们告诉女儿，"住着人家""正开着店""一室难求"都是表面现象，本质是，只要价格适合，有些人是愿意重新选择的。

从社会实践中悟出来的道理是终生难忘的。几年前，我们家看中了一个住宅小区，很想在此买一套房子。可到物业管理处一问，回答是这里户户都有主了，没有一套可供出售。已有好多人来问过了，均扫兴而去。思维方式不一样的人就是不一样。我女儿当时就意识到，这个小区无房可售也许只是一个表面现象，也许像股票一样，原先买进的人愿意抛出来呢？于是她就每家每户"送"纸条，询问愿不愿意将房子转手。果然，还真有几户人家愿意出售呢。我们现在的住房就是这样买进的。

读"笑话"

我家有好多《笑话》《世界名人幽默极品》《伊索寓言》之类的书。闲时翻翻这些书，平添许多趣味，也能从中学点哲学。女儿在幼儿园的时候，我常给她读《笑话》，说《寓言》，讲《幽默》，使她在快乐中得到教益。

记得女儿7岁的时候，我读了一则《伊索寓言》给她听。

伊索走在路上，一个行人叫住了他。
行人："我到城里需走多少时间？"
伊索："你走哇。"

行人:"我是得走。我是问走到城里时需多少时间?"

伊索:"你走哇!你走哇!"

行人想这人真可恶,于是就气愤地走了。

片刻,伊索向他喊:"两小时——"

行人:"为何刚才不告诉我呢?"

伊索:"不知你走得快慢,怎知需多长时间呢?"

读完后,我问女儿有没有从中懂得什么道理。女儿说:"道理我懂了,但说不清楚。"过些时候,我们一家三口去杭州游玩,女儿居然在杭州"活学活用"了那则笑话中的道理。事情如此:我们在马路上走着,看见马路对面有人在卖荔枝,旁边的小黑板上写着"荔枝10元"。我夫人说:"10元一斤蛮便宜的,我们去买一斤吃吃吧。"不料女儿说:"慢,'荔枝10元'没说是一斤、是半斤或是一两什么的,得问清楚。"一问,果然是10元半斤,差点上当。

看到"荔枝10元",女儿会有这样的反应,我很高兴。因为我知道她懂得了那则寓言所隐含的道理,那就是不能有思维定式,具体问题要具体分析,不能以常人走路的时间定行速,不能以通常的斤为单位定价格是否便宜。女儿先前说她懂了,但说不清楚的道理,就在这里。

农民卖水果的启示

以前我家楼下是个大菜场,各种水果上市时,常有各路农民来卖货,道路两边停满卡车。这些卖水果的农民,大清早拉来一车货,卖上一整天,晚上收摊回家。常有这样的情况,早晨卖2

元1斤的葡萄,下午只卖1元5角,傍晚的时候,1元就能搞定。

女儿小时候问我,为什么葡萄一天几个价。我回答:"因为时间拖不起。水果不易保存,第一天的葡萄到了第二天就不再新鲜,便宜也不好卖了。再说,农民多是清早从很远的地方出来卖货,如当天卖不掉,拉回去的成本很大,更不划算。所以,早晨的水果卖得最贵,'货好价高',吸引一部分消费能力强的顾客尝鲜;接近中午,价格逐渐便宜,吸引大众;到了傍晚,只求尽快清货。"女儿听了我的分析,说:"农民倒是很果断。"

也许正是由于懂得这种原始的"卖水果"的原理,农民企业家在市场竞争中更能审时度势,迅速适应市场。无锡有许多生产摩托车的乡镇企业,当全国"禁摩"后,没有像其他地区的摩托车厂家一样破产倒闭,而是迅速改良设备,生产电动车。现在的无锡又成了全国知名的电动车生产基地。

正是学习了农民"卖水果"的原理,女儿做起生意来也很果断。有一年,全球金融危机,她公司的广告生意也受到冲击。当同行企业还在与客户软磨硬泡,试图维持原价的时候,女儿迅速做出决策:立即降价30%,尽快争取客户。很快,女儿公司的户外广告位基本销售完毕。随着金融危机的深入,各大企业广告预算纷纷大幅下降,后来同行再降价已无济于事了。

皇帝走的门

女儿上小学时,在一个暑假里,我陪她随旅游团去承德旅游。

承德有个皇家花园,是游玩的好去处。进门时,导游说:"右边高大而豪华的门是皇帝走的,左边矮小而简陋的门是太监走的,现在各位可以自由选择从哪个门进园。"

听了导游一番带有引导性的话，众人不假思索，无一例外地涌向那所谓"皇帝"走的门，一时挤得差一点出现踩踏事件。唯有我，拉着女儿的小手，毫不犹豫地从"太监门"进入。

人少的路上没拥堵，我和女儿快步走向前方，回望那些"众人"，我说："我们走的是特供门，才像皇帝呢，你们那么挤，倒像一个个可怜的太监。"众人始而哑言，终而大笑。

过后，我对女儿说："他们愿走'概念门'，按概念行事，所以吃苦头。正确的应该是，哪门方便走哪门。"

女儿深以为然。

养鸡学"琢磨"

我13岁的时候，随父母下乡，学做农民。第一个任务是养10只鸡。鸡要吃什么呢？我心里没底，只能边喂边"琢磨"。开始喂米，小鸡长得很慢；后来加菜，效果不明显；再后来又加进小鱼小虾，荤素搭配，小鸡马上茁壮成长，不但毛色发亮，而且连连下双黄蛋。我既照顾它们吃，还关心它们住。鸡很怕热。夏天，我给它们搭凉棚，让它们"避暑"。这样，母鸡下蛋更多，质量更好。

我想，"琢磨"鸡才能养好鸡，那么，养好鹅、猪、鱼的道理也是一样，也要"琢磨"它们各自的"秉性"。鸡、鸭、鹅、鱼不会说话，只能靠人"琢磨"，了解它们的需求，观察它们的变化。一旦"琢磨"透了，好处立刻显现。鸡喂得好，自然长得大，产出高。

现在想来，农民企业家的成功，恐怕与他们长期的"琢磨"习惯有关。"琢磨"就是观察加思考。他们善于观察人的心理活动,思考对方的利益点。前无锡惠山区某区长说过这样的话:"我接触过全国、全世界不少类型的企业家,其中我们的农民企业家是最厉害的。不管是找政府官员审批文件,跟供应商谈判,还是建立良好的客户关系,都离不开对其人心、人性的琢磨。我们的农民企业家把客户琢磨透了,知己知彼,不胜也难。"

女儿小时候没有机会下乡,但是我让她在自家院里养鸡,学"琢磨"。女儿很伶俐,不但把鸡喂得壮,还和鸡交上了朋友。每天她回家喂食时,小鸡们远远地就向她跑去;她出门时,鸡送她老远一段路。女儿说:"鸡不会说话,但是通人性,只要我们琢磨透它们,就可以和它们良好相处,'互惠互利'。"

车里有只死老鼠

人是需要沟通的。人与人之间不好好沟通,便办不成大事,这倒是真的。怎么让女儿从小就懂得沟通的重要性呢?天赐良机,在她4岁的时候,我抓住了一个机会。当年,我家拥有了第一辆小轿车。有一次,我开车去办事带上了她。傍晚回家停车时,突然发现车内有一只大老鼠,好在女儿胆子较大,未受多大惊吓,可车里有鼠总是不乐意的,于是我们打开四扇车门,一个劲地赶鼠出车,赶了有5分钟,不见鼠之踪影,想当然地以为狡猾的鼠乘我们不注意,早已溜之大吉了。第二天早晨我们又带着女儿准备开车出门。万万没有想到,一开车门竟然见到前一天那只大老鼠死在了副驾驶位的座椅上。这下可把女儿吓了一大跳,"怎么会这样呢?"她一连几遍自言自语。而我,陷入了沉思。我思考的结果是,是沟通出了问题。很清楚,我和女儿本意是不想置那只鼠于死地的,赶它只是要它离开而已。

而那只鼠本意也并非宁死不走，它只是怕在走的过程中被人发现，遭到伤害，故躲而不走。它哪知道，人走了，车门关了，它也就走不了了。这就造成了悲剧。

将死鼠清除掉，开车上路后，我认认真真地以此为女儿讲起了沟通的重要性。我对女儿说："要是人与鼠会沟通就好了。人可以对鼠说：'你出来吧，逃生吧，我们不打你，而你不出来，关在车里会因缺氧而闷死的。'鼠可以对人说：'我可以出来，但你们要承诺不打我。'假如有这样的沟通，则鼠不死，车不脏，人鼠皆大欢喜。""老鼠不会说人话，人又不会说老鼠话，怎么沟通呀？"女儿问我。"是啊，人与鼠是不会沟通的，但人与人呢？人与人是可以沟通的，应该沟通的。人与人沟通好了，大事小事都好办，假如沟通不好，别说大事，小事也难办，不但办不了事，还会争斗，甚至争得你死我活，往往是两败俱伤。"我对女儿说，沟通不仅是重要的，比如会哭的孩子多吃奶——孩子哭是和妈妈在沟通，表示饿了；沟通也是一门学问，光有沟通的意愿，没有沟通的技巧，常常会沟而不通。因为在成年人之间，并不会因为对方一"哭"，便把对方想要的东西给他。"他"一定要在沟通中说出自己的理由来，"要"人家一些什么，同时得给别人一些什么，懂得双赢。还有沟通时的表述也不能轻视。因为你的一番好意，假如说不清楚，人家也难以领情的。毛主席就是一位沟通的高手。据说在长征途中，毛主席生病躺在担架上，他让人抬到其他中央领导身边，一边前行，一边与人沟通，终于统一了几个关键人物的思想。

通过老鼠死在汽车里这件事，我对女儿讲了一番有关沟通的话，她明显注重了与人沟通，她常常把自己的许多想法告诉父母，也常常会问父母许多问题，并学着更好地表述自己的观点。记得她6岁那一年，有一次心平气和地与邻居大妈争论了一个问题，结果那位大妈戏称她"铁嘴"。在女儿上小学三年级的时候,有一次数学老师讲课,许多同学听不懂,她听懂了,并知道为什么同学们听不懂,于是她在征得老师同意后,主动上台替老师讲课,居然让同学们都听懂了,学会了。

性格与命运

人人都关心自己的命运,人人都希望自己有好的命运。而命运这东西挺复杂,一个人的命运,算命先生是算不出来的,它是种种主客观的因素综合反应的结果。

记得女儿6岁那一年,有一次她跟我提起命运这个话题,一本正经地问我,以后她的命运会怎么样?我当然无从知晓她的命运如何,但我可以告诉她我对命运的认识。客观因素对于命运的影响,我暂且没去说它,我只对她说了些主观因素对于命运的作用的话。人的智力对于人的命运的重要性,几乎人人皆知。人的长相,好多人大约也不会忽视。而一个人的性格对于这个人命运的意义,人们则往往缺乏足够的理解。其实,假如需要排列的话,在决定命运的主观因素中,性格当然是第一位的。林黛玉和薛宝钗相比,论才貌不相上下,论处境区别不大,两者命运不同,固然也有世界观相异等原因,但不能不说,是性格造成了她们命运的不同。有一个好莱坞电影明星,身处逆境,身心屡屡遭受打击,"命"够苦的了,但由于她绝不屈服于命运,勇于追求美好的生活,终于改变了命运,实现了自己的梦想——荣获奥斯卡最佳编剧奖。难怪她要感叹:"性格即命运。"记得有个名人也讲过这样的话:"伟人的伟大,就伟大在性格上。"

性格与命运既然如此不可分割,那么培养、锻炼性格的重要性就显而易见了。我们每一个人，特别是青少年，向名人学习，向伟人学习，最紧要的是要学习他们倔强而坚韧的性格，经得起成功和挫折的考验。大而言之，一个民族，倘若大部分人具备了良好的性格，这个民族就有了可贵的民族精神，就有了进步和振兴的希望。

几年前，女儿的一个同学对她说："高韵洌，你的命运比我好。"女儿答："那只能说你的认识有一点问题了。人无须比命运，只要比性格就行了。"

邵飘萍用人

邵飘萍是我敬重的人，我欣赏他的才华，也欣赏他的用人之道。我将他用人的故事讲给女儿听，供她学习。

邵飘萍何许人也？报人，政论大家，当过报社总编辑。他用徐铸成的故事被传为美谈。

有一次，记者徐铸成把自己写的新闻稿在电话中向别的报社投稿，被突然降临的总编辑邵飘萍撞个正着。徐铸成很是尴尬，发外稿不仅是干私活赚外快，而且是有损本报利益的。徐铸成做好了被批评甚至被处罚的准备。

邵飘萍久久没找徐铸成谈话。直到月底发工资时，邵告知徐，徐的工资涨了一倍。同时邵飘萍向徐赔礼，检讨自己对徐生活上关心不够，请求原谅。

显然，邵飘萍此举并非鼓励员工不务正业、吃里爬外，也不是不讲原则地和稀泥，恰恰是高超的用人艺术！

俗话说，管理无定法。不同的管理者，管理不同的人，自有不同的管理方法。这叫具体问题具体分析，灵活机动，实事求是。

邵飘萍对部下徐铸成的用法，恰如其分，效果大好。徐在自传中说，他被邵的开明和大度深深感动，从此一心一意为本报工作，成为一名全国闻名的优秀新闻工作者，并接任总编职务。

听了邵飘萍用人的故事及我的评论，女儿颇为认可。她日后创业后，用了一个因撞人重伤受过处罚的司机，理由是"惧者生存"，事故的教训利于不犯同一错误，因而开车更安全。

淹不死的大树

一天傍晚，我和10岁的女儿在河边散步，这时下起了滂沱大雨，河边的泥地很快变成了洼地，柳树、桃树浸泡在水中。女儿突发奇想，问我："为什么河边的大树淹不死，而我们家花盆里的植物，只要多浇些水，就会淹死呢？"我对植物的习性并不了解。但是我想，大自然中的植物之所以不易被淹死、干死，与它"身在自然"有关系。因为土地广阔，大雨可以深入土地，进入地下循环；也可以顺着路，流到河里、湖里。反之，干旱之时，树可以从地下吸取水分、养分，渡过旱期。可是室内的盆景就没有这样的"广阔天地"。水浇多了，无处可流，植物被"捂"在水里，常常被淹死；不浇或少浇水了，植物无处吸收水分，只能被旱死。

我把这个道理告诉女儿，同时还告诉她，人和树大有相似之处。树在盆里难活，人在小圈子里也难生存，少发展。社会上很多聪明人，之所以不成功，是因为像盆景植物一样，被"栽"在盆里。

女儿听了我的话，深感"盆栽"的局限和危害，她立志说，宁可经风雨，也要做自然界的大树。她毕业后，要自己创业。她说，在市场上，虽然也有激烈的竞争，但是可以和对手良性竞争；可以和客户战略合作，共同繁荣。好比，水可以"释放"，也可以"聚拢"，这样我这棵"树"才能活得长，才能长得大！

时尚与"时好"

什么叫时尚？辞海里说，时尚有时髦、流行的意思。很久以前，路过一家叫作"时尚"的服装店，门口写着对时尚的理解："是对待日常生活的一种态度，是寻求生命存在的一种状态。"这样的说法，肯定是想引导大众对时尚的追求。可我读了这样的文字，并没有对时尚产生好感。相反，我懂得了时尚只不过是一种态度、一种状态，并没有好的成分在里面，故而无须去追求。

由时尚，我创造了"时好"这个词。女儿还在幼儿园的时候，我就常常跟她讲，时尚是别人的事，别人喜欢我们不必去反对，但我们无须有时尚这个概念，我们要的是"时好"。什么叫"时好"？就是现阶段一切好的东西。当然，"时好"可以是现存的，以前留下来的，也可以是从外面引进来的，还可以是自己去创造出来的。比如尊师爱友、孝敬父母、喝茶之类，在中国是古已有之的，现在也不过时，而且是好的，可以归为"时好"。比如喝咖啡，这是国外先有的，现在中国也需要这类东西，可以归为"时好"。比如"时好"这个词，古今中外都没有过，是我创造出来的，而且觉得这个理念比较好，可以归为"时好"。

好和坏，高和低，都是比较出来的。"时好"比时尚好也是比较出来的。你看，"时好"是现阶段一切好的东西，简而言之，是"现时的好",而时尚的东西呢,就是时髦,就是现在流行,故可能是好的,可能是无所谓好与坏的,也可能是坏的。比如现在视减肥为时尚,这大概可以看作是好的,因为肥胖是身体的负担,不利于健康。比如许多女孩子把自己的黑发染成了黄色或红色,说是时尚,这就无所谓好与坏了。比如一些年轻妈妈不给孩子喂母乳了,一些人学会抽烟了,也算时尚,这就有点不好,前者不利于下一代健康,后者不利于自身健康。可见,总体而言,提倡"时好"胜过鼓励时尚。

我们每一个人都生活在时间里,因为"时"是不可避免的,"时好"是应当向往和追求的,时尚是可要可不要的。街上流行红裙子,时尚,我们可穿可不穿;春天流行感冒,我们努力不被感染。3月5日学雷锋,是"时好",我们要参与。

女儿至今一头乌发,穿着也朴素,一点不时尚。她有多"时好"我没研究过,我满意的是她不时尚,因为在我的理解,"时好"是以不时尚为基础的。

赚风景的钱

我喜欢房子,喜欢水,因此常常喜欢带着女儿去看水边的房子。在加拿大某个城市,我们看海边的房子;在杭州,我们看西湖边的房子;在马鞍山,我们看雨山湖的房子……

有一年,女儿突然决定在马鞍山雨山湖旁买两套高层面湖的商品房。我好奇地问她:"你怎么不买加拿大海边的房子,也不买'天堂'西湖边的房子,而去买小城市马鞍山雨山湖边的房子呢?"她笑着对我说:"你不也发现了吗?同样一幢大楼的房价,加拿大面海和不面海的价格相差百分之三十,杭州相差百分之一百，而马鞍山仅仅相差百分之五。"她说这叫"观念差"，观念就是金钱。果然，有一年在整体房价下降的情形下，她在马鞍山的两套房子均增值出售了，其中一套增值了百分之三十卖给了浙江人，另一套增值百分之二十五卖给了西班牙人。而我们曾看过的加拿大和杭州的房子的价格都不同程度地下降了。

我问女儿怎么学会炒房了，她居然说是我教会她的。她给我讲了我曾经讲给她听的一个故事：20年前，我有一个表哥谈了个女朋友，女友漂亮又聪明，还比他小8岁，可表哥在婚姻问题上还是犹豫不决，因为他觉得女方本人好多条件都不错，可惜是农村户口，自己是城镇户口，在户口上和自己不配，因而相当矛盾。为此，他特意来到我家，想听听我的意见。我明确告诉他，假如女方不是农村户口，她许多条件超过你，是不会嫁给你的。户口问题随着改革开放的深入，很快就会成为一个不是问题的问题。听了我的话，表哥选择和她结婚了，一年以后，户口问题自然解决了。多年以来，表哥一直没有忘记我对他的"观念之帮"。

帮人"帮观念"，比帮人什么都重要。

走路的时间

走路的速度，女儿童年时就比同龄的孩子快得多，现在，她更是走如跑，比一般的男士还快。走路快，不是她天生的习惯，是我言传身教的结果。我常和她一起散步，我走得快，她慢了就会跟不上，只能快步追，时间长了，也就习惯成自然。同时，我还跟她讲了一些关于走路与时间的小故事。比如著名红学家冯其庸，有一次冯老在家乡无锡做演讲时说："我之所以能在近几年接连出几本研究《红楼梦》的专著，能在事业上有一些成绩，除了许多客观条件，从主观上说，是因为我抓紧了时间，就是走在路上，我也在动脑筋、回忆资料、构思文章。"比如鲁迅，他利用"喝咖啡的时间"写文章。比如韦钰，在国外攻读博士学位时跑步赶路。比如蒋筑英，为了省时间，他上楼梯总是一步两个台阶。

我们周围的许多人，往往也懂得时间宝贵的道理，只是在实际行动中忽视了诸如走路的时间、候车候诊的时间、电影戏剧开场前的时间……不知不觉地让"边角余料"的时间白白流过去。

据健康专家讲，走路快有利身体健康。女儿倒过来说，一个身心健康的人才会走路快，因为快步走路需要良好的体质和积极进取的精神状态。从小到大，走如跑的女儿不知从赶路中挤出了多少宝贵的时间，多读了多少书，反正成效是明显的——提前 3 年跨进了大学校门，相比同龄人，早早踏上了工作和创业的征程。

不要 100 分

有很多很多的家长，希望自己在校读书的子女考试成绩为 100 分。也有不少的学生在为 100 分而努力。对于考 100 分的学生，老师总是视其为"好学生"。100 分果真那么可爱吗？我觉得不，我是不要女儿考 100 分的。

记得送女儿去上学的第一天，在校门口我只嘱咐了女儿一句话，就是"不要 100 分"。我告诉她，假如她考了 100 分，只能说明两点：第一，学习动机不良，肯定是为考试而学习；第二，学习方法不好，肯定是死记硬背。作为一个人，作为一个学生，在这个世界上需要读许多书，需要学许多东西，学校老师教授的知识只是其中很小的一部分，因此不值得花十分的力气去掌握，更不值得为了考100分而空耗宝贵的时间和精力。我写作这篇小文的时候，正好看到一则新闻——上海市所有小学在全国率先取消期中考试。为什么要取消期中考试？不言而喻，是为了让学生从考试的压力中解放出来，学得轻松一点。

我的不要100分也好，上海取消小学生期中考试也好，并不是说学生可以不好好读书，只是说不要把考试和考试成绩看得太重，而应该把学得活一点、学得多一点看得重要一些。因为一个人在社会上要生存、要发展，靠的不是在校时的考试成绩，靠的是知识，靠的是把知识转化为能力。鉴于此，为了让女儿不要100分，又要学得好，家里给她定了几条规定：一是回家不许读学校的书，做学校的作业；二是每天要读半个小时课外书；三是考试前不许复习。好多年来女儿按照这几条做了，效果极好。回家不看课内书，自然有时间有精力读课外书了，这样知识面就广了。考试不能复习，就促进她平时上课一定要用心听讲，把课本上的知识弄懂弄通。每星期请假一天在家自学，就等于提前实现了"五天制"（当时学校还是"六天制"），就提高了她自学的能力。

不要100分，又有几条配套的措施，会不会影响女儿的学习成绩呢？恰恰相反，女儿学得很轻松，从小学到初中，成绩始终保持年级第一，初中期间还因连续11次考试成绩第一，获得奖学金5万元。看她学习的潜力较大，我们就鼓励她边读初中，边读夜高中，结果在她初中毕业时，同时拿到了高中文凭，提前3年跨进了国外名牌大学的校门。21岁的她，就大学本科毕业了。这样就可以更早地走上社会，创立自己的事业。

总而言之，不要100分，少看课内书，多看课外书，就能学得轻松，学得更多，学得更活，学得更好，早日成才。这一点点经验，望学生和家长共享。

挤牙膏

牙膏是挤出来的,不挤不出来。女儿11岁的时候,有一天早晨,她漱口时挤牙膏,可挤来挤去挤不出来,只好向我求助,说她的牙膏管里没有牙膏了,想用我的牙膏。我看她的牙膏"扁平"的样子,里面似乎空空如也。凭经验,我知道,用力挤一挤,准能在边边角角里挤出一点来。一挤,果真如此。女儿好奇地说:"原来里面还有啊。"

在女儿面前,我是一个教育迷。由此,我又教育她,注意挖掘潜力是很重要的。物质如此,人更如此。我给她讲了一个故事:有一个男孩,不小心自己的腿被一块大石头压住了,动弹不得,鲜血直流。在他身旁的母亲,见此情景,冲过去,奋力一推,将石头推开,救出儿子。后来得知,那块石头足有500斤重,要是在平时,那位母亲是推不动的。可见,人的许多潜力隐藏在体内,只有在非常时刻、紧急关头,才会被挖掘出来。我告诉女儿,从今往后,你要知道,一件事情要么你不想去做它,只要想去做,就得有十分强烈的愿望,就像石下救子的母亲一样,才会迸发出自己都不可想象的能量。女儿沉思了一会,说,知道了,就是要用全心,赴全力。

坏是一种笨

好多年前,我家有个邻居,不仅对住家周边的人不友好,还常常使坏。比如,邻居买了新车,他会用石头砸;楼上的人装了空调,他会用竹竿去敲打;路上见面,他会瞪眼示凶。

女儿问我:"这个人为什么这么坏?"

我答："因为他笨，以为发泄了自己对别人的妒忌和恨，自己心里舒服，不会伤及自己。"

"他不知道，人是群居动物，单个的存在，斗不过虎和狼，人是需要抱团的，需要互相依赖的。这就要搞好人际关系，互敬互爱互谅，只有公敌，没有私敌。"

她听了意味深长地笑笑，我从她的笑容中读出，她不一定完全赞同我的理论，但似乎也从中得到了启发，吸收了些许营养。

背女式包

小时候，我用女生背书包的形式背书包。现在，我干脆背起了女式包。

我在学校读书的那个年代，男生和女生背书包的样式是不一样的，男生斜背，女生竖背。这种潜规则是怎么形成的，我至今没搞懂。不过，我发觉女生背包法，背起来比较方便，背着也舒服，因此，我也就男学女样，竖着背书包。

竖着背书包，当年不知道引来多少同学的讥笑，但我不在乎，我感觉自己既正确，又勇敢，很潇洒。两年前，我看到女儿常用的一只女式包挺实用——开口大、容量大，便取为己用。每当我背着这样的包上下班，女儿见了总会对我笑。我对女儿说："你是不是觉得我背女式包，没有男子气，有点娘娘腔？我告诉你，一个男子有没有男子气，不在乎他的穿着打扮，也不在乎他说话声音是否洪亮之类，而要看他有没有理念，有没有责任心，是否果敢什么的。"女儿说："我是笑你还是和小时候竖背书包一样，不管别人怎么想，只管实事求是，是个典型的实用主义者。我笑，是在赞赏你。"

再跑 50 米

我年少时曾在无锡市少年体校射击队当队长。当射击运动员,少不了要进行体能锻炼,其中有个项目是长跑。教练总是在我们跑得筋疲力尽的时候,命令我们"再跑 50 米"。记得那位教练姓陆,他告诉我,长跑锻炼的效果,其实就在这最后的 50 米,那是在超越自己的极限,只有这样,才能每次都提高一点,有所进步。陆教练的话是专指体育锻炼而言的,但对我的启发不止于此,我想,在其他方面,道理也是同样的。从此,在我以后的学习和工作中,我都坚持"再跑 50 米"。现在回想起来,这"再跑 50 米"真不失为争取进步的良方妙药。

有了"再跑 50 米"的秘方,我自然要传给女儿,于是,我让她身体力行,也跟我当年在体校一样,练长跑,"再跑 50 米"。聪明而勤奋的女儿,很快就领悟了其中的道理,她甚至"再跑 60 米","再跑 70 米",以争取更大的超越、更大的进步。

睡前读闲书是她多年的习惯。原先,她是倦了就合上书本休息,后来,有了"再跑 50 米"的理念,她会在倦的时候坚持多看几页,慢慢地,成了习惯,"倦"会自然推迟来临,这样,她不知多读了多少书!她自己总结说,她之所以能比同龄人提前三年大学毕业,早早地走上社会创办企业,并初见成效,跟她这么多年来的"再跑 50 米"不无关系。

没有责备

我从小生活在一个没有责备的家庭。每当我不小心把碗打碎了,把热水瓶打碎了,父母亲从不责备,他们会说:"别怕,孩子,你又不是故意的。"尽管父母没有责备我,但每当自己不小心闯祸以后,我会在心里批评自己。我体会到,自我批评,比别人的责备效果好多了。

当了父亲以后,我也从不责备女儿。有一次,女儿上初中的时候,在汽车上钱包被偷,内有要交寄宿学校的5000元食宿费。还有一次,女儿在商场里买东西,手机被人偷了。我每次都没有责备她、抱怨她。我以为,事后的责备毫无意义,只会败坏当事人的心情,那是更大的损失。至于教训,不用责备,当事人自然会领悟和吸取。

在没有责备的家庭环境中长大的女儿,长大以后对别人也很宽容,她的私人物件被人不小心损坏了,她在马路上走着被骑车人不小心撞了,她公司里的员工因疏忽造成公司经济损失了,她从不责备别人。这样,既给了别人方便,又不会坏了自己的心情,促进了人与人之间和自己内心深处的和谐。

服侍自己

"服侍自己",这个理论是我母亲的首创。她可能在思想上把自己分成两个人了,服侍者与被服侍者。这样的想法听起来很怪,细细一想,却颇有道理。把自己当作服侍的对象,就是把服侍当成了工作,工作就是一份责任,需要持之以恒。工作还有流程,包括执行、监督、检验等。我们都有这样的体会:某件事如果是上司交代的、朋友托付的,我们总会尽量去做好,有困难也要克服,相反,自己的事反而容易马马虎虎,最后不了了之。因此,母亲这种客观的工作态度让她把自我保健做得非常到位:定时听健康广播,了解保健知识;坚持做各种保健活动,泡脚、做操,十年如一日从不偷懒；定时体检各项器官，查验治疗和锻炼效果。

"服侍自己"，也就是用旁观者的眼光看自己，把自己当"旁人"。古人说"不识庐山真面目，只缘身在此山中"，可见很多人困惑、苦恼的原因是把自己锁在本人思维的小圈圈里，主观的黑点遮住了整个眼睛，世界显得一片漆黑。客观和旁观是我从小教给女儿的道理，她领悟得很深。女儿的心理承受能力特别好，每有大事，特别冷静，而且看得出不是强作镇静。她曾说："发生大事时，我自动把自己转为'旁人'，好像只是自己的一个密友，看着自己怎么处理危机，帮她分析问题在哪里，胜算有几成，如果不成，后路在何方。""置心身外"的态度让人对痛苦不那么敏感，对得失不那么在意，对进退看得更远。凡事若能沉着理性地去对待，就不容易出差错。

冷眼看时事、看世事是聪明，客观看自己更是难得的智慧。

别织毛衣

"别织毛衣"这句话是在女儿还没有出生，我对正在和我谈恋爱的未婚妻说的。当时，"准妻"用时整整一个月为我织了一件毛衣，算是送我的一件"定情物"，她不料我在说了声"谢谢"以后，批评了她织毛衣的习惯，很认真地建议她从今往后"别织毛衣"。我的理由是，我们是20世纪80年代的青年，80年代是学习和工作的好时代，年轻人应当把自己的时间和精力花在更有意义的事情上，而"织毛衣"，价值不大费时多。

女儿出生后没有看过妈妈织毛衣，少了"榜样"。稍大一点，她接受了我"别织毛衣"的教诲，我鼓励她从小做一点诸如洗碗、扫地、买酱油之类的事，为家长分担家务，但我反对她做"织毛衣"

之类的女工活。在我看来,在经济十分贫困的年代,女人织织毛衣,还能省一点买毛衣的钱,创造一点劳动价值;而在解决了温饱以后,女人就应当尽量从家务劳动中解放出来,多读读书,多从事社会活动,既提高自己,又为社会多做贡献。

女儿赞同我"别织毛衣"的观点,她还帮我找理论根据。她说,她看过一位伟人在一篇文章中讲到,女人家务做多了,人会变笨的。

铁拐李说桥

记得女儿12岁的时候,我给她讲过一则笑话——《过桥》。这则笑话说,有一次,铁拐李(民间传说中的八仙之一,是个跛子)走过一座用两根木头拼成的小桥。这两根木头,一高一低,正好凑合铁拐李一长一短的腿,因此他走起来很平稳,他称赞说:"天底下属这座桥造得最好了!"可是,当他办完事回来再过这座桥时,由于换了方向,那两根一高一低的桥木加剧了他的颠簸,于是,铁拐李光火地说:"天底下要数这座桥造得最坏了!"

我讲这则笑话给女儿听,不是为了让她笑笑,目的是让她懂得评价某一事物必须从公平出发,从全局出发,如果只是从自己的利害得失出发,就难免会出差错。女儿听我讲了这则笑话,当即表态:自己在这方面绝不学习铁拐李。女儿大学期间,有一次召开全校运动会,她参加了跳高比赛,最后进入冠亚军决赛。可当时跟她争夺冠军的女同学突然肚子疼。裁判征求女儿的意见,能否推迟一小时比赛,女儿如果不同意,比赛可照常进行。显然,"照常进行",女儿可以乘人之危,一举夺冠,而推迟一小时比赛,输赢就难说了。女儿此刻以公平为重,选择了推迟"一小时",结果女儿屈居亚军。过后,我问她后悔不后悔,她笑着说:"假如我后悔，不就成了铁拐李了。"

2007年，国家实行了新的劳动合同法，从经济利益上讲，"新法"对劳动者有利，老板会有所损失，但女儿极力主张家里的企业按"新法"办，以服从劳动者和国家的整体利益。

有些事碰到挫折是难免的，关键要分析遭受挫折的原因，找出自己的过失和弱点并克服它。至于"痛"，尽快忘记为好。人生路很长，关键朝前看。

对手

我小时候爱下象棋，很小就有不错的水平，当时的战绩是让一个子（马或炮）能战胜父亲。但是后来多年几乎没有进步，这让我很郁闷。有一次请教名家，被一语道破"天机"，他说我肯定没有再找高手练，没有对手就不会有进步。我顿悟。确实，除了父亲，我没找高手过招，即使没有对手，可以找棋谱练，制造"假想敌"。

名家的话，引起了我的思索：对手的作用是巨大的。因为是"敌"，所以千方百计找出对方的弱点，加以攻击或赶超；因为是"敌"，所以深入分析、研究对方的强项，以便克之；因为是"敌"，时时在意对方的动向，每当对方有了"新式武器"，总会急于知道，尽快拥有。对手是镜子，让我们看到自己的优势、劣势，对手还是望远镜，让我们发现自己的未来。对手是那个刚刚好与你抗衡的人，所以，有什么样的对手就会有什么样的你。

为了让女儿也懂得上述道理，并有直观的感受，我特意带女儿去无锡江阴，参观互为对手的两家著名的毛纺企业——阳光集团和海澜集团。他们同在一个村，工厂办公面对面；同为上市企业，主业之余，几乎同时涉足房地产；竞争二十来年，规模相当，发展路程也相近。

现在，这两家企业在行业中遥遥领先。

我告诉女儿，优秀的对手是难得的财富，当我们没有这种财富时，更要时时自省，通过给自己创造"假想敌"来锻炼自己的"武功"。杂志上登过一篇有趣的文章，记者采访一位女士，问她婚姻幸福的奥秘，她回答的大意是：我假想先生有一个完美的情人，她美丽、聪明、妩媚而善良。如果我先生有这样的情人，我要怎样做才能留住他的心呢？我照着"她"的条件装扮自己，充实自己，在这场与"情敌"的对抗中，我成长了，那么现实中，这样的"敌人"就越来越远了。

女儿从小学到大学毕业，从创办公司到现在，每一个阶段，她都物色到了"对手"，都创造了"假想敌"。她说，她从心底里感激她的对手。

记疤忘痛

"好了伤疤忘了痛"是一句带有贬义的俗语，多为批评某人不吸取教训，两次掉进同一个陷阱。这句话中有一个潜在的逻辑关系：只有记住痛，才能记住伤疤。我认为这个逻辑不能成立。记住"疤"是一种理性思维，"痛"是一种感受，用"痛"去捆绑记忆"疤"，实在牵强，而且还有"副作用"，因为"痛"仅仅是感受，它无助于我们分析"疤"的形成原因，而且过多地关注痛感，会降低我们的幸福感，得不偿失。要避免自己重复犯同样的错误，关键是记住"疤"的成因，而不在于记住"痛"。"好了伤疤不忘痛"的大有人在，有的人恋爱中遭受过背叛，对"痛"刻骨铭心，虽然再次恋爱结婚终不能投入；有的人一次高考意外失利，从此每逢竞争都有心理阴影；有的人"下海"做生意赔本一次，直接"上岸"。他们倒是都记住了"痛",但是并没有好结果。

因此,我教育女儿:"有些事碰到挫折是难免的,关键要分析遭受挫折的原因,找出自己的过失和弱点并克服它。至于'痛',尽快忘记为好。人生路很长,关键朝前看。"女儿不但自己懂得了这个道理,还用这个道理开导她外婆。外婆从小爱好字画,但因家庭困难,学了几年就中断了,为此遗憾终生,常常"作痛"。女儿懂事后开导外婆:"过去的损失已经客观存在,以前你没有时间、没有钱学,现在都有了,虽然你今年已经70多岁,但是身体很好,现在还可以继续写字作画,学成了,可以送给我们子女做礼物,很有意义。"开导数次后,外婆接受了她的建议,"记疤忘痛",重新拿起笔。这十多年来,外婆坚持学画练字,进步不小。过年时,每个子女都能领到她的"新作",一家人其乐融融,外婆成就感满满。

"记疤忘痛",才是对的。

多点附加值

国外有一个汽修工,每次修好车后,都洗净擦亮。洗车擦车是他的分外事,却增加了修车的附加值。其中一个客户是世界500强企业之一的老板,他因此赏识这个修车工,将他招为自己的司机。这位修理工当上司机后,又屡屡增加司机工作的附加值,帮老板做一点秘书该做的事。老板因此不断提拔他,最终这个原先的修车工成了这家500强企业的CEO。

1992年夏天,我家开了个小饭店。我们也来"多点附加值",赠送客人清凉绿豆汤。此举深受好评。女儿看在眼里,悟在心里。她说,增加产品和服务附加值可以做好生意,增加人的附加值可以左右逢源。所谓人的附加值，说的是两点：一是具备本职工作以外的其他能力；二是有积极的态度为别人多做事，做超出人家期望的事。女儿是这样说的，也这样做了。老师的父亲生重病，她号召同班同学集体送花送礼物。创办企业后，下班时，她会主动把顺路的员工送回家。附加值让人惊喜，让人感动。

肚子不是垃圾桶

吃饭每有剩菜，妻子会央求我再多吃一点，解决"任务"，免得浪费。这时，我总对她和女儿说："肚子不是垃圾桶。"我的看法是，吃"任务"饭菜，不是节约，而是浪费。吃多了，会胖，会病，减肥治病要花钱，花费比饭菜贵；即使不出毛病，让过剩的营养在身体里"走一趟"，也是浪费身体的消化功能。因此，不如直接倒进垃圾桶。

我告诉女儿，浪费和节约的判断，不能从物品本身出发，而要从人的需求出发。比如说，粮食短缺的时候，我们剩饭不能倒，留着第二顿吃，可以解决饥饿；我们时时要节约用水，因为世界上还有很多缺水的人。相反，如果有两件貂皮大衣，大可不必为了"提高利用率"而同时穿上身。

很多看似节约的行为，其实是浪费。超市的大包装，给人便宜实惠的感觉，买回去很多用不完，其实是浪费；有的人能力很强，明明可以成大事，但是"节约"眼前的既得利益，放弃发展，其实是大浪费。

女儿认同我的看法，在假浪费还是真节约的问题上，态度鲜明。她不但不吃一口多余的饭菜，也不眼红自身不需要的"实惠"。她初中毕业时，学校提出，如果她在该校继续读完高中，就免费送她去国外读大学。女儿为了早些大学毕业，走上社会，放弃了学校"免费的午餐"。她初中毕业即赴新西兰读大学，跳过高中，提前三年大学毕业。

投资与消费

　　我的妹夫是业余拍照爱好者，我有个姨夫是专业摄影师。有一次，他们分别买了价格3万多元的同一款的照相机。我知道后，对女儿说，姨夫的相机买便宜了，妹夫的相机买贵了。原因是，对于姨夫来说，相机是投资，投资决定回报，他买的相机是中档货，很难拍出特优秀的照片。而对于妹夫来说，相机很大程度是个玩具，纯属消费性花费，拍一般的风景照、合影之类，两三千元的相机已经足够，3万多元的相机未免专业过头，功能浪费。

　　受我影响，女儿从小对投资性花费还是消费性花费分得很清楚，分寸拿捏得很好。小时候，同样是买书，工具型的书她很舍得花钱，用她的话说这是为知识投资，言情小说之类她也看，但是基本在书店翻翻就好，不肯买回家；现如今，同样是买衣服，正装、职业装她会买些比较贵的，用她的话说这是为专业形象投资，休闲家居的衣服她也买，但是会挑比较便宜的；商业投资几百万元、上千万元她很爽快，但是要不要买2万元的家装灯具她犹豫了很久，最后还是挑了一款便宜很多的。凡此种种，不胜枚举。

　　妻子开玩笑说女儿是小"守财奴"，有钱不肯花，女儿回应她：这是一种思维方式，跟"守财"无关。花钱前，我要分清是"投资"，还是"消费"。如果是投资，就要考虑回报；如果是消费，就要考虑"实惠"。打个比方，买房既可以是投资，也可以是消费。如果把它看作是投资，就应该选择升值潜力大、资金投入回报高的物业；如果把它看作是消费，就可以更关注自身的个性，如果你喜欢空旷，大可以住一个仓库一样的房子。顺便说一句，国外真有这样的人。

己所欲不施于人

女儿读小学的时候，不知哪一天，她知道了"己所不欲勿施于人"那句话，便问我：那么，己所欲能施于人吗？被她这么一问，倒引起了我对这个问题的思索。我告诉她，己所欲不施于人。

其实，细细想来，"己所不欲勿施于人"是有问题的。己所不欲，就是自己不喜欢的东西、自己不要的东西，这些东西不等于别人不喜欢，别人不需要。以为自己不欲的东西别人也会不欲，是把自己的不欲强加于人。对此，我是有过教训的。十多年前，我开过一家电影院，每天放什么内容的电影由我定。因为我不喜欢看武打片和喜剧片，以为别人差不多也不会喜欢，便"己所不欲勿施于人"，从不放映这类影片。有一次我出差在外，放映员自作主张，偏偏就放了一部武打片和一部喜剧片，结果大受观众欢迎，票房收入猛增。

己所欲施于人，是把自己的欲强加于人，同样道理，自己喜欢的东西，不一定别人喜欢，自己需要的东西，不一定别人需要。在咖啡店，我常常犯错误，我因自己喜欢喝咖啡，便主动帮朋友也点咖啡，结果当场遭到朋友拒绝，因为朋友喜欢喝茶。

总的来说，己所不欲勿施于人和己所欲施于人是一路货，都是自说自话，自以为是，没有把别人的欲放在眼里。还是毛主席说得好，百家争鸣，百花齐放。这就尊重了别人的意志和利益，尊重了别人的欲。信笔至此，可以得出这样一个结论，"己所不欲勿施于人""己所欲施于人"当改成"人所欲施于人"。

懂得了"人所欲施于人"的道理以后,女儿在行为上大有长进。上馆子吃饭,点菜时会顾及父母的口味了;夏天家里开空调,她会调节到家人适宜的温度了;和朋友出门玩,她会多听听他人的兴趣了。

十个路标

江苏光芒电器有限公司地处靖江一个偏僻的村落,从无锡去这个企业要经过"十曲九弯"。7年前,我第一次去这家企业见周总,没有走冤枉路,也没有问路,顺利到达,多亏一路上的十个路标。这十个路标,是该企业总经理周士友实地考察,一一定位设置的。我曾表扬过周总的"十个路标",说他替来客想得周到、做得到位。周总说:"其实我也是为自己企业着想。你想,来的客大多不是'供',就是'销',假如没有那十个路标,来客就大大不便,就会影响企业的'供销'。"

是的,在很多情况下,替别人着想就是为自己着想,帮别人的忙,就是帮自己的忙。我觉得这"十个路标"很有意义。一个星期天,我特意带着女儿去了一趟周总的公司,还故意让女儿开车。每当她在十字路口或丁字路口不知去向时,"光芒电器"的路标就会出现,一路上,她亲身体验到了"十个路标"的方便。

从光芒回来没几天,女儿为自己的两家企业分别申请了网站,向100多个"准客户"寄送了自己公司的介绍材料和自己的名片。她说:"是啊,我要方便别人找到自己。"

光线的启发

我总以为,家长教育小孩,教其多识几个字,教其多背几首诗,教其练钢琴什么的,并非那么重要,重要的是要把自己的人生感悟传递给孩子,这样可以让孩子早熟一点,多明白一些哲理。

女儿4岁的时候。夏日的一个中午,阳光特别明亮,我在室内呼唤在窗外玩的女儿进屋吃西瓜。进屋后,女儿好奇地问我:"窗户明明开着,为什么你能看到我,而我一点也看不到你呢?"我说:"这是光线的缘故,暗处的人可以见到明处的,明处的人看不到暗处的,此乃常识。"我借机告诉她,懂得这个常识不稀奇,人皆知之。问题是,我们要从中得到启发,要从自然规律中找到对社会生活有用的东西。比如,我们可以从光线的明暗中懂得这样一个道理,要了解别人,就要设法让人多说话,多表达,让其处于"明处"。反之,假如不想让别人了解自己,就得少说话,少表达。有一个故事,在森林中,一只狮子看到河里有一只游水的斑马,它很想扑过去将眼下的斑马咬而食之,但不会游泳的狮子不知水深多少,不敢轻举妄动。狮子在等待,在研究。只见斑马在水中站了起来,"原来那么浅",狮子大悦,飞身猛扑,抓住斑马,美餐一顿。要是那只可怜的斑马懂得让水深永远成为狮子的未知数,懂得"暗"的功能,就不至于被狮子生吃了。

人的社会也是充满竞争的,现代社会,体力不重要,重要的是智力。有人说情商比智商更重要,这话是错的。情商是智商的一部分。说情商比智商重要,就等于说苹果比水果好吃一样,是不合逻辑的。从光线中得到启发以后,女儿在与人交往中,比较注重聆听了,听得多,说得少。她说,这一方面是尊重人,另一方面可以吸收到演讲者身上的"养分",何乐而不为呢?况且,多说、多谈自己的经验，多讲道理，还有好为人师之嫌，何苦呢？自然，和亲友在一起交流感情，和同事交流工作，她还是会视情形而知无不言的，那就另当别论了。

为善的钱必须自己挣

人之初，性本善。女儿刚读小学的时候，校门口有一个乞丐老头，她看他可怜，便将自己准备买冰棍的5分钱送给他。为了每天给这个老头5分钱，从不伸手向父母要钱的女儿每天向我要"零花钱"。我在偶然中发现了这个秘密，颇为女儿有一颗善心而欣慰。借此契机，我设法让女儿懂得要用自己挣的钱的道理。

办法一：我对她"断奶"，一度不给她零花钱，她欲为善而苦于无钱，让她意识到自己不挣钱就无法继续给老头钱。

办法二：我让她在家里开的小饭店里洗碗，每洗一个碗给5分钱报酬。有了劳动所得之钱，她又恢复了给那个乞丐老头送小钱，并从每天5分涨到每天1角。这样，她通过自己的劳动解决了这个问题。

办法三：我带她到当时的无锡县中学图书楼参观，告诉她这幢图书楼是杨市镇养殖专业户席胜福捐款100万元建造的，说明为大善要有大的能力。

为善需要钱，有钱必须自己挣。女儿从小懂得这个道理以后，挣钱意识随着年岁的增长而增强。她8岁有了洗碗挣钱的经验，14岁起让同学的家长做广告，3年创利16万元。出国留学期间，她和同学一起开了一家豆浆店，吸引中国学生前来消费，赚回了学费和生活费。2004年11月，她从奥克兰大学毕业，一下回中国的飞机，就到广州进货，当起了香港一个珠宝品牌的江苏总代理。

一条"校规"

国有国法，校有校规。学校制定一些校规，本属正常的事，无可厚非。但如同"法"有"恶法"一样，"规"也有没道理的"规"。

女儿读初中的那个学校，曾有一条校规——"学生不许穿名牌"。女儿是一个穿着朴素的女孩，穿衣戴帽从不追求名牌，因此上述校规对她的生活没有什么影响。不过，她还是对这条校规质疑，特意打电话听取我的看法。

女儿就读的这所学校是一所民办的"贵族学校"，来这所学校读书的学生大多是家庭经济条件比较富裕的子弟，他们中有那么一部分，在校读书相互之间不比成绩比阔气，尤以穿名牌服装为荣。正是鉴于这种状况，学校才定出上述校规。

学校是学生读书长知识的地方，学生在这里理应把心思集中在学业上，相互间竞争谁穿的衣服是否名牌实不可取。显而易见，"学生不许穿名牌"之校规，出发点是好的，也许能收到一点正面的效果。然而我以为，这条校规的副作用也不少。其一，有些学生已经拥有了部分名牌服装，不许穿就意味着变成死货，造成浪费。其二，名牌服装不一定是价格昂贵的，比如红豆衬衣，一概"不许穿"，学生会从小造成名牌即昂贵的错觉。其三，名牌战略是企业提高产品质量、开拓国内外市场的良策，假如学校规定学生不许穿，其他社会机构为了培养青年的艰苦朴素，也来一个"不许穿"，那怎么得了！

为了端正校风，学校是应该提倡一些东西，反对一些东西，甚至禁止一些东西，但切不可简单化，把不提倡的东西一律"禁止"了之。学生穿什么衣服为好之类的问题，应当是一个教育和引导的问题，实在不必硬性规定。

对学校"不许学生穿名牌"的校规的批判，我在电话里和女儿交流了整整一个小时，上面的文字就是我们达成的共识。类似这样的交流我和女儿之间有许多许多，不管我的观点正确与否，有一点是肯定的，那就是让她习惯用批判的眼光看世界。

可以"早恋"

3岁的小孩会"早恋"吗？不会。8岁的小孩会"早恋"吗？不会。"早恋"的小孩其实已经不小了，生理已经发育了，那么还叫"早恋"吗？马克思18岁和燕妮谈恋爱算不算"早恋"？

我是14岁左右喜欢女孩子的，尽管"早恋"屡屡没有成功，但每当我单相思一个女孩子的时候，我会读书特别用功，穿着特别整齐，举止特别优雅，因为我要讨得"美人心"。可以说，是"早恋"让我有动力要做个好孩子，是"早恋"让我做到了"好好学习，天天向上"。

多年前，著名知识分子陆幼青在《给女儿》中，交代女儿"初恋的不要，再婚的不嫁"。"初恋的不要"的意思是，你可以谈恋爱了，只要别跟没有谈过恋爱的人谈恋爱。这就是说，陆先生不仅不反对女儿"早恋"，还希望女儿谈恋爱的对象是个有恋爱经验的人，想必是没有比较就没有鉴别的道理吧。假如男方也是陆先生的观点，那就要陆先生的女儿也非"初恋"，也该是个多恋的人。

我是举双手赞成陆幼青先生观点的，我也主张女儿可以"早恋"，可以"多恋"，在比较中"择优录取"。我征求女儿对我这个观点的意见，女儿说："爸爸真开明，爸爸真伟大！"

好事快办

有一年冬天，我们一家三口约好要在一个周末去一趟无锡梅园看梅花。第一个周末我们没有去梅园，而是去了商场买东西；第二个周末我们还是没有去梅园，而是去了上海拜访一个朋友；第三、第四个周末因为公司里要处理急事，又没去梅园。第五个周末，我们总算来到了梅园，但令人失望的是，这里的梅花由于季节的原因，已成了残花，虽香味犹在，美色却荡然无存。目睹此景，女儿遗憾地说："我们来晚了。"而我却想到了好事快办这个题目。于是，我借景发挥，在梅园散步时和女儿说了一通好事要快办的道理。

中国的一些成语，其实是误人的经验，"好事多磨"便是。好事应当快办，才能办成，如果磨来磨去，拖着不办，或办得太慢，就会错失把好事办成的良机。好花不常开，好景不常在。看景赏花是好事，可是好花好景不是天天都有的，她是不以人的意志为转移的。社会生活中的其他许多事情也是如此。比如战争，对进攻一方来说，就有一个选择战机的问题，抓住有利的战机，就能事半功倍。比如一个国家、一个地区的经济建设，也有一个机遇问题，谁好事快办，抓住了机遇，谁就能掌握主动，取得良好的成果。就是一个公司与客户签订一份合同，也有一个好事快办的问题。通过努力，当天可以签订的合同，如果拖到第二天，就有可能泡汤，因为往往会出现两种不利情况：第一，客户反悔了，不想交易了；第二，同行插足了，用恶性竞争的办法进入。有一个房地产老板告诉他的售楼小姐，客人假如没有付定金就走出了我们的售楼大厅，这个人就不是客户了。可以想见，这个房地产老板上述那句话是经验之谈，他是懂得客人进来这样的好事是必须速战速决的。

细细想来，好事快办是有其哲学原理的。世界万物无时无刻不在变化之中，在这个过程中，必有处事的最佳时刻，如果错过了，"好"就烟消云散了。同理，坏事倒该多磨，磨来磨去，"坏"可能就变成"好"了。

听了我对好事快办的说法，女儿说，好花没看成，倒是听了一番好议论，也不枉然了。

报销

报销有个模式，即当事人填写报销事由和金额，张贴有关单据，提交领导批准，然后到会计那里去复核、领钱。

报销这种事，最麻烦的是计算所有单据的费用总和。粗心的我，往往算错，大多是算少了。会计在复核时发现我算错了，就会轻描淡写地说："高鸣啊，你又算错了，你少算的部分我帮你加上去了。"于是我深表歉意和谢意。这样的情况发生得多了，会计和我说话的机会也多了，不过从没有批评过我，也没有要我以后心细一点，算算准确的意思。我终于悟出来了——复核是会计的本职，我算错算对，对她来说毫无意义。第一，她反正要复核的；第二，最后一定以她的数字为准。

悟出了上述的道理以后，从此每次报销我只是把单据张贴好，大概算算，写一个数字（当然尽可能误差小一点），就让领导批示，让会计计算，本人只需再听一句"高鸣啊，你又算错了"，便可领钱大吉。

记得女儿8岁那年的夏天，我去南京参加记者会，因为正值暑假，我便带着女儿同行。会议休息的时候，各位记者都分别拿出一大把各种发票做着报销前的准备，他们有的用笔算着，有的用计算器算着，个个算得很认真，个别特别认真的，还自己复核一遍，生怕算错。唯独我，大体一想，只在总栏里填了个我自己确定的数字就完了。不算的人自然"算"得最快，于是我第一个去领导那里签字，第一个从会计那里领到了钱。这一切，女儿看在眼里，惊讶地问我算术怎么那么好，不用笔，不用计算器，就飞快算出那么多单据上的数字总和？我坦白地告诉她："我根本就没有细算，所以我的速度最快。"接着，我就把我悟出的道理告诉她。女儿听懂了我说的话，也接受我悟出的道理，但她问我，其他的伯伯、叔叔、阿姨看上去也很聪明的，为什么他们就不会去合理地"偷懒"呢？这时候我意识到，教育女儿的机会来了，于是我对她讲，世界上绝大多数的人，包括那些智商较高的人，一般都是习惯于常规思维，他们不善于打破框框，故而因循守旧，少有创造性。为了说明问题，我还跟她讲了两个小故事。哥伦布发现新大陆后，有人不服气，说他只是运气好而已。哥伦布随即拿出一只鸡蛋，问有谁能把它在桌子上竖起来放稳，一桌的人摆来放去就是不成，哥伦布一动手，那只鸡蛋就在桌子上竖起来了。原来，哥伦布把那只鸡蛋敲碎了。有人又不服气，说："如果这样竖起来，我也会。"哥伦布说："那你刚刚为什么不会？我又没有限定你不能敲碎鸡蛋。"有一次，拿破仑带领一支运载大批军用物资的马车队赶路，最前面的一匹马因劳累过度，突然站着不肯前行了，拉也拉不走，推也推不走，所有官兵面面相觑，就是想不出办法。拿破仑走过来，命令杀死那匹马，推至路边，千军万马得以继续前进。

从南京开会回来没几天，女儿就活学活用了我跟她讲的道理。那天她去外婆家玩，回来时外公要她带一只西瓜回家。她一时有点为难，带吧，西瓜太重了，不方便；不带吧，外公外婆可能会不高兴。后来她灵机一动，先带着，但走了几步就把西瓜转送给了住在外婆家不远处的同学，然后把外婆给的乘公共汽车的钱省下来，步行回家，在家门口菜场上买了一只西瓜拿回了家。作为秘密，她没有将"调包"的事告诉妈妈，却得意地告诉了我，并和我一起分享打破框框带来的快乐。

其实能进

1990年前后，我国4星级以上的酒店很稀有。我特别钟爱无锡大饭店的环境，常带女儿出入，或闲喝咖啡，或会见友人，或只是随便走走坐坐。出入得多了，发现一个有趣的现象：很多形形色色的人在酒店围墙外向里张望，充满向往，但踌躇不敢进。有时下雨或者暴晒，他们宁可在门口的树荫下狠狈躲避，也不敢走进四季如春的大饭店。有一次，女儿问我："他们为什么想进而不进来？"我说："他们不敢进来，或者以为这里消费很高，花费不起，或者以为这里只有领导和有钱人才能进。但是实际上，酒店对进门的客人并没有这些限制条件，他们大可以走进酒店大堂或遮风避雨，或转转玩玩而不用花一分钱。可以说，他们是被自己无谓的恐惧感吓倒的。"

在许多情况下，只要勇敢，"其实能进"。影星章子怡倒是懂得这个道理的，在一次采访中，记者问她怎么学好外语，她说："关键是不怕。"就是凭着这种不怕的精神，她取得了突破性的成绩。其实纵观她的成名历程，这种不怕的劲头随处可见：英语还不熟练的时候就敢接拍英语片，自己不出名的时候就敢向世界名导推荐自己；地震时，她敢于走向美国富豪们，请他们捐款。

受我教育的影响，女儿也是一个敢于面对问题，且善于分析问题的人。在申请留学期间，有人向领事馆举报女儿的申请材料有不实之处，领事馆遂通知女儿签证可能要被取消。这在当时是一个天大的坏消息，因为一旦领事馆认为材料不实则将永久取消签证资格。在这样的压力下，女儿非常镇静，虽然她确认材料没有不妥之处，但是为了防止领事馆因怀疑而取消签证，她提出自己去领事馆向签证领事说明情况。女儿一早去上海等领事馆开门，当面向领事馆说明情况，领事说："你很勇敢，我们会慎重考虑你的签证请求。"不过5天，签证如愿下发。

"不唯专家",就是不畏权威,独立思考。女儿在我的教育下,从小就善于独立思考,敢于挑战权威,从不人云亦云。

反穿拖鞋

一个雨天,傍晚,我拉着12岁女儿的手去湖边散步。因为是雨天,怕湿了皮鞋,我穿着一双新买的塑料拖鞋。穿着新拖鞋,开始感觉有点紧,有点不适,路走长了,脚背的一个点竟然被塑料拖鞋磨破,出血了。于是,我就把拖鞋拎在手上,光着脚,往前走;走着,走着,新的问题来了,脚底的一个点被地上的细石子戳破了皮。这下怎么办呢?我就试着把拖鞋反穿——右脚的鞋换到左脚,左脚的鞋换到右脚,这样,居然不"磨脚"了,问题解决了。

"反穿拖鞋"的事当即给我启示:我先前因为"磨脚"而全盘否定鞋的功能,其实是不对的,许多物品尽管有缺陷,但是可以换个方法使用,应当改良,不该一丢了之。还有用人的道理也是如此,有些人在某种岗位不太合适,不一定"此人不可用",完全可以让其换个岗位,避其所短,用其所长。

在和女儿继续散步的路上,我把反穿拖鞋中悟出的道理说给她听,要她记住。女儿说:"这个道理好,以后肯定用得着。"没多久,她把家里换下来的破旧窗帘,取其中"好"的部分做成了一块台布,做到了物尽其用。

创办公司之初，她用的一个文秘，由于文字功底较差，又比较粗心，工作很不适应。有人建议不要再用这个员工了，可我女儿想到她工作热情比较高，并具备相当的商业意识，就改用她为业务员。一试，果然不错，如今，已成了业务骨干。

不唯专家

我曾经听过一句调侃股市的话："股市没有专家，股市只有赢家、输家。"我想这句话不是说"专家"一无用处，而是说不能依靠专家的判断代替自己的判断。专家也许有经验，但是经验不代表一定有用。有的经验是特定时间、环境下的经验，换个时间、环境就未必适用；有的经验是"专家"本人的主观判断，即使一次凑巧成功，也未必有可复制性；有的经验本身是不完美的，还有很大改进的空间。

我就是个"不唯专家"的人。1996年，我家开办了一家电影院。当时社会上电影院的小卖部都设在放映厅外面，效益不高。我考虑把小卖部放到放映厅里面，遭到专家一致反对。很多电影公司经理跟我说，电影院需要暗的环境，小卖部亮灯会打扰观众集中精神看电影，肯定行不通。我想，观众进放映厅之前来去匆匆，没有购买小零食的氛围，如果把小卖部放在放映厅里面，容易引发他们购买的需求，而且在放映厅中购买还不会漏掉电影情节，一举两得。至于放电影要暗，自然是对的，所以小卖部设计在放映厅后方的角落，且用酒吧下垂式吊灯，聚光，这样也基本避免了对放映产生干扰。如此一来，效果很好，女儿在吧台做售货员，每天的营业额相当于票房的收入。

"不唯专家"，就是不畏权威，独立思考。女儿在我的教育下,从小就善于独立思考,敢于挑战权威,从不人云亦云。凡是书上写的、领导说的、专家讲的,她都要怀疑、论证,很难被"忽悠"。在她读初中时,有一次学校规定学生买新校服,女儿带头反对,很多同学积极响应。学校卖不成校服,教导主任找女儿谈话,先表扬她一向是品学兼优的好学生,再说这次也应该带好头,让同学们服从学校规定。女儿振振有词地说:"我正在给同学们带好头,但我的方式就是让同学们和我一起,不买校服。学校每年给我们发放3套校服,不管春夏秋冬都有得穿了,即使有重大活动,也能满足服装统一的要求,为什么还要我们额外花钱买新校服?好学生应该带领同学懂得节约,并且告诉他们,并不是学校所有的规定都是合理的,如果不合理,就应该反对,不能盲从。"教导主任无言以对,事件以女儿的胜利告终。

不给玩具

小孩玩不玩玩具,关键在于家长。因为玩具天上不会掉下来,小孩也不会像孙悟空一样把玩具变出来。在我们这个世界,在我们这个时代,无论是外国还是中国,只要经济条件许可,大部分家长喜欢给自己未成年的孩子买玩具,比如男孩玩汽车模型之类,女孩玩洋娃娃之类。我曾和买玩具给小孩的家长交流过,问他们为什么要让小孩玩玩具,答案不外有二,一曰开发小孩动手能力,二曰让小孩玩得开心。

我从小到大没有玩过一件玩具。我至今不知道,我的父母是因为忙于工作顾不上给我买玩具,还是压根儿就是出于一种理念,觉得玩玩具不利于小孩成长,反正不是经济原因。长大了回忆起来,总结总结,我万分感激和庆幸当年父母没有给我买玩具,我正是一个不玩玩具的得益者。

在上学之前（7岁以内），因为不玩玩具，我有更多的时间同父母等大人在一起，可以多听到大人们说话、谈事，了解大人的世界。因为不玩玩具我有更多的时间听广播（当年家里没有电视，只有收音机），起先只会听国内的电台，后来还学会了听电台的时事节目，这样大大扩大了我的视野，从小就接触了时事，初步懂得了政治，活跃了思维。因为不玩玩具，我有更多的时间思考问题，大概是常常提问的缘故，我父亲称我为"十万个为什么"。总而言之，不玩玩具使我从小学得更多一点，成熟得更早一些。

有了小孩不玩玩具好的经验和理念，我也不给女儿玩玩具的机会。实践的结果是，效果很好。在别的小孩玩玩具的时候，我的女儿在看电视。她看了许多历史剧，增长了文学知识和历史知识，还没上学，她就熟看了《红楼梦》《武则天》，知道了"唐宋元明清"，数得清清朝有多少个皇帝，讲得出每个皇帝的大概特点。在别的小孩玩玩具的时候，我的女儿在跟我聊天，在问我这样那样的问题，在关心着家里发生的种种事情。有一次，我们家一个常来常往的朋友因所谓的经济问题（后来平反了）被抓了起来，才5岁的女儿得知后焦急地问："朱伯伯的事跟我们家没关系吧？"当时我就感慨，人说少年不知愁滋味，其实，别说少年，童年也知愁滋味。不知道愁滋味的少年是太不成熟所致，知愁滋味的童年是早熟的表现。

为了让小孩早一点懂事，快一点成熟起来，什么开发动手能力，什么让小孩玩得开心，统统不那么重要，不给玩具！

思考换位

法国有个讽刺王后的笑话：她的仆人告诉王后，法国人民生活非常艰难，连面包都吃不上了。这位王后迷惑地问仆人：那么，他们为什么不吃蛋糕？这个故事的初衷是控诉法国王后不顾穷人死活，在国家经济濒临破产的时候仍然穷奢极欲。其实，从另一个角度看，王后很单纯，她也试图从没有面包的人的角度考虑问题，想出了"蛋糕"这一替代品，但是显然很荒谬。

无独有偶，不光富人换位变穷人换出这样荒谬的笑话，普通百姓换位富豪也有同样的问题。有一次，我和女儿一起看电视里播出的一个社会调查节目，节目主持人在马路上随机问20个路人，请他们猜想富豪们每天晚上都吃些什么。五分之四的路人说大概是鱼翅、鲍鱼、燕窝、虫草之类。因为工作关系，我同富豪接触较多，据我所知，与路人的猜想完全相反，除了特殊场合需要，大部分富豪餐饮简朴，当然不是为省钱，而是因为粗茶淡饭才好吃。可见，社会的误读之重。

看完这个节目，我告诉女儿，光有换位思考的想法是不够的，还要有换位思考的能力。要提高换位思考的能力，首先要对那个"位"有设身处地的了解。如果你当过农民，就知道季节对农作物的重要性；如果你当过工人，就知道生产管理各个环节的漏洞在哪里；如果你当过兵，上过战场，就对生死之交的友谊有更深的认识。闭门造车式的换位思考往往行不通，而有经验、有了解的换位才是有效的换位。

女儿听了我的这番道理，表示赞同。她说，以后一定要多接触社会，深入了解各种人的想法和处境，就像开车转弯要回头到肩膀位置以便扫除盲点，换位思考也要"扫盲"。

借力

女儿 10 岁的时候，我和妻子开了一家饭店。由于经营得法，饭店生意兴隆，其中不少客人冲着老板娘本人的风采来饭店吃饭。半年后，有人出高价欲买我们的饭店，我们正想改行开电影院，就同意了。买家有个不成文的附加条件：他接手开始的三个月，我女儿仍要去饭店吃午饭。

女儿小学在饭店附近，我们开店的时候，她天天去饭店吃饭习以为常，但是饭店已经卖了，为什么还要让她去吃饭呢？她大为不解，跑来问我。我说："你去饭店吃饭是帮助新老板。很多老客人是冲着妈妈才来的，一旦知道妈妈已经不是老板了，吃饭的热情就下降了，有些客人马上就走了，这会给新老板的经营带来难度。所以，用你当个道具，说明妈妈还在饭店，这样他们就有机会和客人建立感情，留住这批客人。"

在生活中，这是一个"借力"的典型例子。有些事靠你本人的力量很难做到，但是转个弯，借助一下旁人的力量就容易事半功倍。所谓靠山吃山，靠水吃水，其实就是借了"山之力""水之力"。

听了我的话，女儿明白了很多，但是仍有些不乐意：她觉得去陌生人的饭店吃饭很拘束。我接着同她说："'借力'是相互的，且通常是利己不损人之事。相反，当你有更多的力可被'借'时，你个人的价值才会提高，因此，即使有点小困难也应该克服，尽量成全他人。"

女儿领会精神，在成长的过程中将这点发挥得很好。她初中期间，学校奖励她免费去澳洲交流学习 2 个月，签证前，她的护照因故遗失，如果按照正常程序补发需要至少一个月，显然赶不上学校统一签证的日子了。这时候，她了解到如果有特殊原因，可让省公安厅主要领导签字特办,一天就可以拿到新护照。正巧,我有个朋友的要好同学恰是江苏省公安厅的,他们新近有个同学聚会。得知这一信息,女儿马上"借力",向我要了朋友的电话,让朋友带她一起去同学会,向领导当面说明情况,请求特批,事情果然办成了。

宁可机会负我

　　女儿10岁时,曾认真地问过我这样一个问题:一个人的成功与机会的关系是怎样的?我告诉她,一个人要成功,要做成一点像样的事,是少不了要具备主客观两大因素的,正所谓谋事在人,成事在天。成事在天,就是要有机会,而机会是不以人的意志为转移的,不是想要就有的。这就是说,主观努力了不一定成功,但主观不努力,肯定不成功。我告诉她,报界老前辈徐铸成有个座右铭,叫作"宁可机会负我,我不负机会"。梁漱溟说:"成功是巧,是天,不是我。失败是什么呢?失败是我,是我的错误,我有缺漏。"

　　几天以后,我在女儿的一本新的日记本的封面上看到了"宁可机会负我"六个大字。我想,女儿是把徐铸成的座右铭当成自己的座右铭了。我还发现,女儿花在英语上的功夫更多了,我问她怎么用那么多精力学英语?她说以后想出国留学,固然不一定会有机会,但宁可机会负我,我不负机会。女儿10岁开始,我们家先后开了酒店、电影院、广告公司,她总是"半工半读",一边在学校读书,一边关心并参与家里企业的经营活动,她说,自己大学毕业以后要经商,现在家里的企业正是她实习的好场所,她不能负了这样的好机会。

向自己学习

女儿上初中二年级时，有一天放学回家一副苦恼的样子。问其缘故，答曰："今天学校开大会，表彰她连续多次各门功课年级第一名，号召同学们向她学习。"她说："同学们都有学习的对象，可以进步，那我跟谁学呢？如何进步呢？"我认真地告诉她："你可以向你自己学习。"并讲了一个这方面的故事和一些道理。

在非洲有一个部落，至今保留着一种风俗：哪一个人做错了事，部落里的人就要把这个人团团围起来，然后每一个人说一句赞美他的话，或说一件他做过的好事，以此鼓励他向自己学习，继续为善，痛改前非。

向自己学习，不是骄傲吗？不是的。这就如同向别人学习、向书本学习、向实践学习一样，是学习的一种途径，有助于个人的进步。辩证唯物主义告诉我们，事物都是一分为二的，每一个人都有自己的长处和短处；即使是一个比较落后的人，身上也总有一点闪光的东西，这里的长处和闪光的东西，就是向自己学习的内容。毛主席说："一个人做点好事并不难，难的是一辈子做好事。"我们每一个人生活在社会上，总会或多或少为人民做过一点好事，问题是有些人不能坚持做下去。如果能不断向自己学习——学习做好事时的思想和行动，就能发扬成绩，持之以恒。在这方面，雷锋就是一个榜样。身残志坚的张海迪在给吴运铎的信中说："我还远远不是一个强者，因为在我未来的生活道路上，仍然有各种各样的困难在等待着我。因此，我只能说，我要一如既往，争当一个强者。"张海迪这里说的"一如既往"，实际上也就是向自己学习——学习以前那种顽强的拼搏精神。

听完我讲的故事和道理，女儿灿烂地笑了。

酒席台上

中国有着悠久的饮食文化，酒席台是中国人社交的重要场所。听君一席话，胜读十年书。这一席话，往往是从酒席台上听来的。鉴于此，我常常带着女儿出席酒席，以期让女儿多一些机会听到胜读十年书的话。

记得10年前，我带着女儿参加一个酒店老板请客的饭局。席间，有人问这位老板，为什么他开的四家酒店，家家生意兴隆，有何秘诀。老板微笑着回答，秘诀没有，经验有一条，就是："我每次在自家店里吃饭，专挑毛病，而每次在别人的酒店吃饭，专挑长处，然后以他人之长，补自身之短。"据了解，这位老板学历只是小学毕业，文化程度不高，但他懂得了一个重要道理，并努力去实践这个道理，于是他经营的酒店成功了。

听了上述那位老板的一席话，我很感慨。我问同样听到这席话的女儿有何心得，她说，听了那个老板叔叔的话，她联想到，其实，每一个人都在经营自己，如果想经营得好，也应该从自己的身上常常挑挑毛病，从别人身上找找亮点，从而不断完善自己，只有这样，才能成为一个成功的人。

女儿是一个好读书的人，习惯于从书本中学习知识。先前，她总觉得自己在学校成绩第一，是同学们学习的榜样，自从听了酒店老板的那席话，她领悟到每一个同学身上都有她自己不如的东西，学会了从每一个交往的人身上去吸取营养，补充自己。比如，有位同学虽然主科平平，但画的画特别好，她便常常请教那位同学，一段时间以后，自己画画的水平明显提高了。再比如，有位同学其他方面比较普通，但特别懂礼貌，见人总是主动打招呼，赢得大家的好感，她便暗暗向她学习，对人表现得更加热心一些。

从小有了向别人学习的意识，将会受益一辈子。

潇洒

十多年前,社会上流行一句话,叫作"男人爱漂亮,女人爱潇洒"。说白了,爱潇洒是不分男女的。问题是,爱是一回事,理解和做到又是一回事。针对许多人走入了潇洒的误区,不少人不敢越"潇洒"一步的状况,一些名家纷纷以潇洒为题作文,发表自己对潇洒的看法。女儿当时正在读小学,也对潇洒问题产生了兴趣,问我对潇洒的理解。

潇洒的意思,《辞海》解释为洒脱,无拘无束。这种解释也许不错,但凭我的体会和理解还应有更深刻的含义,那就是在先进观念的指导下,实事求是,正确对待。有的人经济不宽裕就觉得浑身不潇洒,有的人才能差一点就觉得无法潇洒,有的人年迈了就觉得自己潇洒的年代过去了,有的人进了病房就觉得同潇洒绝缘了。其实,潇洒面前人人平等。潇洒是一种心境,一种行为。潇洒不潇洒,全由你自己。面对死亡呢,不潇洒的人怕得要死,而潇洒的人则说"砍头不要紧,只要主义真"。至于经济上穷一点、才能差一点、年纪老一点等,同样不是不潇洒的理由。

我记得第一次体会到潇洒的快感,是在农村读小学时。有一次我去河滩洗衣服,不料招来很多村里人的讥笑,他们说:"洗衣服是女人的事,男做女工越做越穷。"我不以为然,为了证明我的价值观与他们不同,我特地赶回家中拿了马桶去粪坑倒,还故意串巷走村,理直气壮地做给笑我的人看。孩提时的这件事,使我悟出了潇洒的真谛,对长大以后的为人处世产生了不小的影响。为了让女儿更好地理解潇洒就是实事求是,正确对待,我还讲了两个很好的例子。1919年1月11日晚,列宁在郊外遇到匪徒拦劫,当时在场的司机和警卫一直没有开枪,因为怕列宁有危险。事后列宁对他们说:"你们不开枪是对的,在匪徒占优势时,我们得以幸免，是因为没有反抗。"这种不反抗其实是很潇洒的。语言学家吕叔湘有一次应邀参加一个教学经验交流会，当刘朏在会上发言时，语言学家吕叔湘问身边的人"朏"字如何读。吕叔湘是当代知名的语文大师，在一般人看来，语言学家而不识"朏"字，很丢脸，但在吕叔湘看来，不懂就问是长学问的好方法，也是潇洒的表现。

有一年街上流行红裙子，女儿觉得自己还是穿绿裙子好看而穿了绿裙子。染发如今成了一种时尚，女儿在国外读书四年归来还是一头黑发。由此看来，我给她上的"潇洒"课没有白费劲。

把风险留给自己

有一次，我从江苏无锡开车到浙江温州，去见一个想做江苏一家交通广播广告的企业老总。起初，谈判很顺，时段、全年80万元的价格均谈妥，那位老总还请我吃了晚饭。可在当天签约付款的问题上，那位老总犹豫了，提出第二天要先让当地经销商再听听效果，然后再签约付款。他的要求自然属于正常，原因是他生怕我谎报"军情"，签约付了款，他变得被动。

当时，我如果按那位老总的意见办，一则会拖延成交的时间，二则带来"不成交"的风险，因为，他的经销商一旦听广播，可能会选择其他的频率或节目，和其他单位成交。在此情况下，我灵机一动，主动改变游戏规则，把预付款从5万元降到5000元，广告播出后，半月内企业收听不满意，可以免费播出2个月。也就是说，在这样的规则下，客户无论对发布的广告满意不满意，都不会吃亏，假如想赚便宜，只要说不满意就行。这种规则，把风险留给了我所在的广告公司。用这样的规则签约，那位温州老板欣然同意，当晚就付了预付款。此事后来的结果是，企业对播出的广告满意，付清了全款。把风险留给自己的规则，促进了双赢——提高了办事效率。

当年，女儿还在新西兰读大学，我把这个成功案例在越洋电话里告知了她，算是和她共享。

塌了厂房还在笑

生产"欧路莎"卫浴产品的是浙江台州的一家民营企业，董事长林华友是一个智慧而豁达的农民企业家。2005年，浙江刮大台风，"欧路莎"位于台州的老厂房遭台风袭击，倒塌了，损失几百万元。林总是我的客户，也是好朋友，得知这一消息，我很着急，立即打电话给他。电话里，林总开着玩笑跟我说："台风把我的厂都吹走了，我正想造新房呢，现在可以提前启动了。"他只字未提生产困难和经济损失。

林总轻松的态度让我震撼。厂房倒了是大事，虽然保险可以赔偿一些，但是生产、销售的直接、间接损失不言而喻。林总这样看淡损失，乐观向前，实在是大智慧。我猜想，这智慧跟他的出身不无关系。农民种地，辛苦一年，一旦遇到天灾，前功尽弃。但是农民不消沉，不放弃，第二年照样勤勤恳恳，从头来过，等待下个丰收年。农民这种超强的心理承受力是经年累月磨砺的结果。

为了让女儿感受这种心理承受力，我特意带她去浙江拜访林总，参观倒塌的厂房。听林总侃侃而谈，女儿自觉受益匪浅。她自己创办企业后，也遇到了各种"天灾"，比如工人"工伤"。女儿没有怨天尤人，她对我说，与其唉声叹气，不如"笑对塌房"。

"清富"

很久以来，我喜欢和女儿一起散步聊天，既是一种休闲，又可以在聊天中交流思想。有一次，我们聊起了"清贫"这个词，由清贫我联想到了"清富"，于是我把我对"清富"的理解说了出来，女儿听了觉得有理，过后将我的观点整理出来，以备用。

什么叫清贫？《辞海》谓之贫苦而有志节。在"贫"的情形下保持"清"，当然是好的，故而清贫是一个褒义词。然而，假如我们把"贫"视为"清"的先决条件，那就大错特错了。"贫"绝对是一个贬义词，可释为穷、缺乏。在贫困的条件下，照样可以保持志节，照样可以发奋努力，有所成就，在这方面，中国历代优秀的知识分子都这样做到了。但"贫"和"清"之间没有必然联系，"贫的人"不一定就是"清的人"，也很有可能是一个"浊的人"，因为"贫的人"加上缺乏素质，就会无志节可言，甚至可能去做一些不道德、不合法的事情。因此，清贫的要点在于一个"清"字，我们要的是"清"而不是贫。清贫只是比"浊贫"好，但并不是最理想的。

最好是"清富"，就是既过着富裕的物质生活，又保留美好的理想和情操，富而清。中国有句成语，叫作"为富不仁"，其实，为富者不一定不仁，为穷者也不一定仁，把富和清、贫和浊对立起来，实在是思想方法上的一种形而上学，和那句著名的"宁要社会主义的草，不要资本主义的苗"一样荒谬。日本草思出版社1992年出版了国学院大学教授中野孝次所著的《清贫的思想》一书，引起轰动，被列为当年第一畅销书。该书针对当代日本许多青年人在物质富裕的情况下，忽视精神追求，因而并不幸福的现实，主张人们学习先哲们清贫的思想和生活方式，满足于不挨饿、不受冻、不受风吹雨淋，文章认为此外的物欲，都会有碍于心灵的自由，亦即有碍于"清"，成为"浊"了。窃以为，此书提倡追求心灵的自由，大有讲究精神文明的味道，这是可取的，但它把追求心灵的自由同追求提高物质生活质量对立起来的意思，便少了点辩证法，有失偏颇。时代不同了，我们既要物质文明，又要精神文明，要把清贫变成"清富"。

手表

多年来，我始终戴着一块价格仅30元人民币的手表（假的欧米茄）。朋友们说我也算一个小有钱的人，干吗这么节约，为何不对自己好一点。

我至今没弄懂，戴一块高价格的手表对自己有什么好。在我看来，钱有两个作用：一是可以发展再生产，钱生钱；二是可以提高生活质量。而戴了高价格的表，跟生活质量有何关系呢？手表的功能不外有二，一是看时间，二是装饰。我那块"欧米茄"，超薄型的，外表好看，戴着舒服，走时准确，这样的好表，何乐而不戴呢？其实，我戴30元的表，并非节约，只是不浪费。乘火车，我会坐软席；住宾馆，我会去"五星"；吃饼干，我会买300元一盒的。因为，我那样花钱，是和生活质量连在一起的。

我戴30元的表，是出于一种理念，是实事求是。我甚至想，那些戴名贵手表的人，是不是出于一种虚荣呢？或者以为高消费了就是对自己好。据说华人首富李嘉诚戴的表是一块仅300元港币的电子表。这似乎与他的财富不成比例，但这恰恰反映了李嘉诚的精明，他知道钱再多也该花得有价值，戴名贵的表实在是没有必要，除了多花钱，找不到一丁点好处。我真搞不懂，那些戴名贵表的人在李嘉诚面前为什么不汗颜呢？

女儿 18 岁生日的时候，我送她一件礼物——一只价格 50 元的女式电子表。女儿从小就知道并欣赏我的消费观，因此戴着 50 元一块的手表很是开心。新近她对我说，以后赚了大钱，她会买千万元的豪宅，买百万元的汽车，因为购房多花钱，可以买到面积大，且地理位置好的房子，买车多花钱，可以买到性能安全，且驾驶舒适的好车，好房好车跟生活质量均有关。但便宜的手表她会戴一辈子，因为手表主要是用来看时间的，只要走得准就好，而价格低的表在走时准方面不比名贵的表差。

买车不选号

多年前，我参加了一场拍卖会，拍卖的内容是，无锡市建设银行从客户手上收回的一些房产。是拍卖，一般来说，买不到特别便宜的东西，因为买家有竞争。没想到，有一处 100 多平方米的办公用房，竟然在当时市场价每平方米 3000 多元的情况下，连 2000 多元一平方米也无人问津。是地段不好吗？是房产太旧吗？是当时有价无市吗？均不是，原因是据说该房产的主人原来是个成功的商人，搬进这套房子办公后，没几个月就破产了，由此，大家认为这套房子"不吉利"。

我是不信"不吉利"的，在拍卖现场没参拍，只是因为自己光是前去看看行情的，没有参拍资格。过后，我找到银行领导，按有关程序，把流拍的这处房产以底拍价买下了。买下以后，这套房子成了我家的公司办公室，至今还用着。

我们家是个民主的家庭，家里大一点的事，都要一起商量。买下这处房产，女儿是投赞成票的，她开玩笑说："这套房子很'吉利'啊，不是吗？因为所谓的'不吉利'，省了我们十几万元。"

从新西兰读书回国后,女儿在买车时,有个朋友告诉她,有办法可以帮她的新车选车牌号码,如最后几位数为888或666,说是888就是发发发,666就是六六大顺的意思。女儿拒绝了,说:"这个资源你去送给喜欢'吉利'的人吧,我不信那个东西,买车不选号,顺其自然吧。"

避短与补短

女儿小时候曾问过我这样一个问题:是避短好呢,还是补短好?

短,与长相对,同短组成的词通常带有贬义,如短见、短气、短命。短,又有缺少、不足和缺点、过失的含义。短不是个好东西,但世界万物皆有短——短客观存在着。所以就要避短和补短。

那么是避短好呢,还是补短好?我告诉女儿,这不能一概而论,要看具体情况,有些短要避,有些短要补。比如一个人在选择职业时,要根据自己的特长——避短;而当职业选定以后,倘若工作中碰到这样那样的困难就要找出自己"短"在哪里,进而补短。个人是这样,一个企业、一个地区也是这样。在发展经济的主攻方向上、项目选择上,要根据自己的客观条件——避短;而在具体的工作中则要见短补短,变短为长。似乎可以这样说,宏观要避短,微观要补短。战略上要避短,战术上要补短。因为"宏观之短"往往受客观规律的限制补起来得不偿失,不如避之;"微观之短"一般通过主观努力可以弥补,避短是不明智的。这方面的例子可以说出许多。

避短要结合扬长,所谓扬长避短。短离不开长,避短也好,补短也好,首先要识其短;倘若有短不识短,甚至以短为长,就谈不上"避"和"补"了。避短，要找到自己的长，然后扬己之长避己之短；补短，要承认别人的长，然后取人之长补己之短。

如今女儿长大成人了。我们有时闲聊又会谈到避短和补短的话题，她说她在多年的实践中体会到我的"避短补短"说很有道理，她是得益颇多的。

买家具的启示

一叶知秋。看一个人做一件小事，往往就能看出这个人的性格和处事风格。

女儿11岁那一年，我家在常熟购买了一套住房。有了房，自然要添置家具。有一次，我开了一辆桑塔纳和女儿一起去一家家具店买一套餐桌椅。选购的款式和价格都很满意，麻烦的是这家店不提供送货服务，当时天色已晚，很难找到运输工具，我和女儿只得怏怏而回。听了我和女儿的情况"汇报"后，我夫人执意要用自家的桑塔纳去装运那一张桌子和六把椅子。当时，我和女儿都觉得不可思议，心想肯定装不下的，别说把它运回家了，我们跟了去，恐怕会引起争执。

在家具店的现场，经过半个多小时的反复拼装，七张餐桌椅居然装上了车，且平稳而安全地运回了家。粗看起来装不下的东西，巧妙配置以后，加上合理利用车外的空间，原以为不可能的事情，变成了可能。

装家具这件事，给了我很多启示，我及时把这些启示告知女儿，让她也从中悟出一些道理来。启示之一：碰上困难的时候，要以积极的心态去应对，只有这样，才会去想方设法解决问题，而不会先难住了自己，无所作为。启示之二：遇事不能太主观，要去实践，要去尝试，不然，就有可能"误以为"，坐失把事情办成的机会。启示之三：要明确目的和手段的关系。想想也是，我们的目的是要把家具运回家，所以，装只是手段，不是目的，有了这个想法，就可以不必把家具全部装进车厢，只要装进每件家具的一部分，运输途中不掉下来就行了。听了我的三点启示，女儿总结说，就是三句话："一曰心态积极，二曰勇于实践，三曰抓住目的。"

思想是行动的指南。有一次考数学，有一道题女儿忘了老师教的解题方法，一时不会做，正要放弃，想到妈妈装家具的往事，调整了心态，努力寻找解题方法，终于用自己创新的办法解了题。

> 我把每一次上台演戏都当成第一次，总不敢马虎，即使演过几百场，滚瓜烂熟的戏，上场前也总要温习温习，做好准备。

次次当作第一次

著名京剧演员梅兰芳在总结自己成功的经验时说："我把每一次上台演戏都当成第一次，总不敢马虎，即使演过几百场，滚瓜烂熟的戏，上场前也总要温习温习，做好准备。"这句话不仅显示了大师对艺术、对观众的尊重，更反映了他诚惶诚恐、如履薄冰的从艺态度。"次次当作第一次"，在生意上也是重要的信条。犹太人当中流传着一句话："把每笔生意当作第一笔。"当你做第一笔生意的时候，你会很用心，把好质量关，做好服务，谨慎控制风险，把失误率降到最低，所谓"小心驶得万年船"。陈天桥也是一个有"次次当作第一次"精神的人，有一次，他在接受访问时谈道："我之所以长期以来都很顺利，没有遭受过太大的挫折和低谷，是因为我时时如履薄冰，有时甚至半夜惊醒。"

女儿从小就很聪慧，聪明的孩子学东西快，也容易掉以轻心，所以我在她很小的时候就注重教育她"次次当作第一次"。

女儿从小练字，二年级的时候书法已经不错。有一次我翻看她的写字本，发觉字退步了，问她什么原因。她不好意思地说，写着写着就潦草了。我郑重地批评了她，教育她应该"字字当作第一字"，认真用心地去体会描摹，并给她讲了梅兰芳的故事，女儿大受震动。

一转眼，女儿芳龄十七，她在新西兰告诉我们她准备学车，以后可以开车上学。妻子有些担心，女儿安慰她说："我从小就知道要'次次当作第一次'，每次开车都会像第一次一样小心，不会出事的。"想想也是，出车祸的往往是略有经验的"准老手"，因为新手不熟练，心中害怕，加倍小心；真老手知道马虎的危险，也会谨慎；只有那些"准老手"，觉得自己已经相当会开车了，一疏忽即闯祸。果然，女儿开车至今近十年，从未出事故。

"对不起"

"对不起"这句文明用语，文明人一生中使用频率不会低，接受别人"对不起"的次数也不会少。有一个机会，我让女儿领教了什么叫"对不起"。

那是一个夏日的夜晚，我拉着女儿的小手在一条绿树成荫的人行道上散步。一辆摩托车突然冲上人行道把我撞倒在地，惊慌失措的驾车人连忙把我扶起来，并连声说"对不起"。我了解到，他是因躲避迎面而来的卡车才冲上人行道的，显然不是故意冲撞我的。于是我不仅接受了他的"对不起"。而且也回了他一句"对不起"，使他感动不已。事情过后，3岁的女儿不解地问我，为什么被他撞了，我们还要说"对不起"。我认真地讲出了我的理由。我说，首先他不是故意的，今天撞我实属偶然，不会再有下一次，所以接受了他的"对不起"，问题就解决了。如果他是故意的，那我们就要报警求助，查个水落石出，让他付出代价。其次，他撞了我，实际上我也给他带来了麻烦。假如他没撞我，他就不会那么惊慌，也无须对我说"对不起"，因此我对他说"对不起"，也在情理之中。听了我的这番话，女儿无言以对。当时，不知道她是怎样理解的。

几个月后，我才发觉上述有关"对不起"的话对她起到正面作用了。女儿有一对既漂亮又值钱的玉镯，她挺喜欢的，真是镯不离手。有一次她表姐来我家玩，把她手上的玉镯取下来玩，不料一失手掉在地上打碎了。她表姐自然十分过意不去，连连抱歉。不料我女儿诚恳地说："我也要对你说声'对不起'，因为这件事破坏了你的心情，给你造成了一定的思想负担。"从此，表姐表妹两个女孩更加亲热了。

别人无意间伤到了自己，已经说了"对不起"，我们欣然接受，就此了结，并反过来也说声"对不起"，体现的是大度和宽容。这实在是一种美德。有了这种美德，人际关系就好处多了，麻烦少了，心情也会愉快。鲁迅先生说过，他没有一个私敌，有的只是公敌。怎样才能没有私敌呢？我想，只要大度和宽容。

女儿今年已二十有几。在我的记忆中，她从小到大，笑容常驻，从未跟人吵过架，更没有对什么人心怀不满、耿耿于怀。我向她讨教快乐的秘密，她脱口而出："还不是你那'对不起'的教育，让我受用。"

偷棋

我记得自己7岁那年，父亲教会了我下象棋，并常常和我玩下象棋的游戏，与我一比高低。大约到我10岁的时候，父亲便每每成为我的棋下败将了。有时父亲输急了，会悔棋，甚至还会偷棋。在和父亲下棋的过程中，我不但从棋艺中悟出了一些东西，比如走一步要想好以下几步；要顾全大局，为了保"车"，有的时候要丢"卒"等。而且，父亲偷棋的行为也给了我教育，让我懂得了这样一个道理：玩游戏也好，做事也好，仅仅自己遵守游戏规则是不够的，还必须防止别人不守游戏规则，一定要有这样的警惕之心。不是吗？为了赢，连父亲也会偷棋——违反规则，何况别的竞争对手。

自己当父亲了，我也在女儿5岁那年，教会了她下五子棋。不料女儿聪慧过人，不到半年，我和她下棋竟然输多赢少。想起小时候我父亲偷棋反而教育了我，我也偷起棋来了，自然每每逃不过女儿的小眼睛，于是她也学到了我童年在下棋中学到的东西，悟出了有关的道理。

如今，女儿走上了生意场，商场如下棋，有规则，有约定。女儿总是把诚信放在第一位，严格按合同上承诺的办，付款只错时辰不错日子。同时，她会步步为营，从方方面面防止对手不讲规则"偷棋"，以保护自己企业的正当权益。

放风筝

1987年深秋，无锡在太湖边上举办了一个"风筝节"。那天，风和日丽，正是放风筝的好日子。我作为江苏电台的记者，应邀实地采访，因为是星期天，女儿不上幼儿园，我便带着她一同前往。

5岁的女儿看着一个又一个风筝像大蝴蝶一样在空中飞翔，高兴得活蹦乱跳，一会儿说："爸爸，爸爸，我要像风筝一样，能飞上天，就好了。"一会儿又说："爸爸，爸爸，为什么人要用绳子拉着风筝的'腿'呢，不拉它，风筝不是可以飞得更高更远吗？"我有意用拟人化的方式跟她讲，风筝是个调皮的小孩，倘若不用绳子控制他,他会飞得不见的,最后还会摔下来粉身碎骨。接着,我又进一步告诉她,其实,我们大人也像风筝一样,要有法律和道德两根绳子拉着,不然的话,只有自由,没有约束,也会出问题的。

在回家的路上,女儿若有所思。我问她,想什么呢?女儿说,长大以后,要像风筝一样在天上飞,哪怕被绳子拉着。女儿上初中后,坚持记日记,有一次我在她的日记上看到这样的话:"长大以后我要有出息,像那风筝一样拥有自己的天空。"

从国外大学毕业回国后,女儿跟我说,她不找工作了,想自己开公司为自己打工,这样可以自由一点,天空大一点。她说,她有风筝情结,喜欢可供飞翔的自由天空。

后来,她去江阴一家公司收广告费时,发现这家企业濒临倒闭,就主动放弃了追讨那笔广告费。她对我说,如果在那家企业倒闭前她快速起诉,可能会拿到那笔钱,但企业破产后,员工的工资就没有保障了。如果她那样做了,就等于她的风筝少了那根线,那根我说的"道德线"。

没想到,女儿孩提时带她看风筝的经历,还有如此收获。

敢于下水

游泳是一项不错的运动。我小时候,夏天常和小伙伴们一起下河下湖游泳,既玩耍了,又锻炼了身体。女儿上小学以后,我有意要让她学会游泳。可是那时的河、湖已经严重污染,要游泳只能去大宾馆的温水游泳池。宾馆的温水游泳池有个好处,就是不光夏天能游,其他季节也能下水。记得有一年冬天,我和女儿去无锡湖滨饭店游泳,尽管水是加过温的,但下水时还是有点冷得吃不消，女儿几度想放弃了。当时，我咬着牙，顶着冷，先下水游了起来，就游了几十秒，居然觉得不像刚下水时那么冷了，我随即告诉女儿，要她敢于下水，无非忍受几十秒的冷。由我做榜样并鼓励，她毅然跳下了水，自然也很快适应了水温。在这次游泳的过程中，我告诉她这样一个道理，人生会遇到种种"下水"，只有不怕，并能忍受刚下水时的"冷"，才能适应新的环境，有机会在"水中"畅游，不然的话，只能在岸上望水兴叹，止步不前。

女儿在幼儿园的时候，没有像有的小孩那样，已经预学拼音，所以上小学一年级，她是刚"下水"学拼音。起先有些跟不上，并产生了畏难情绪。游泳中刚"下水"的冷给了她启发，她知道只要坚持一段时间，拼音关肯定是能过的，于是她信心大增，努力赶学。老师说，女儿是全班学拼音最用功的学生，果然不久，她就熟练掌握了汉语拼音。

对别人好一点

对别人好一点，是我们这个社会所提倡的。雷锋做好事，就是对别人好，所以才有"向雷锋同志学习"。原先，我只知道对别人好是自己人好使然，因此，对别人好，仅是一个道德的问题。随着年岁的增长，经历得多了，我悟出了：对别人好，同时也是一个智商问题，至少是一个情商问题。

20世纪90年代初，我和夫人一起开了一家小酒店。有个员工拿到第一个月工资后一个多小时都在哭。问其缘故，原来她不小心将钱丢失了。我得悉后，立即补发了她一份工资（300元）。当时，我仅仅是出于同情心，没有别的动机。不料，这件事深深感动了她，这个女孩从此长年累月勤奋工作，她说："老板人好，我要报答他。"直到我的那家小酒店转让易人，她还哭了。这件事反过来又让我深深感动了。

　　有一次，我的装有许多证件和现金的包遗失在出租车里了。于是我在火车站租了另外一辆出租车去找那辆我丢失包的出租车。找了半天没找到，最后结账时司机跟我说，计价器忘了开，据估计我该付300元，但我若少付一点，他也认了。他没有想到的是，我付了他400元。我说："虽然没有找回我的包，但你确实开了300元的路。"

老实是福

　　老实是福。这个道理不老实的人是无法领悟的，只有老实的人才深有体会。

　　老实是福，是我父母无意中让我懂得的。在我童年的那个时代，家家都不富裕，吃的东西往往要分而食之。记得有一次一家人围在一起吃西瓜，我母亲拿出两个不同的碗让我和妹妹各挑一个，然后我母亲和父亲分别从各自半个西瓜中取出一部分给我和妹妹的碗放满。那两个碗，一个高一点但瘦一点，一个矮一点但胖一点。在我妹妹的眼里，高的碗必定大，所以她抢先要了那一只。我当时也分不清两个碗的体积究竟哪个大哪个小，既然妹妹争着要了一个，我就心平气和地拿了另一个。大人的眼光毕竟不一样，我父亲一眼就看出那矮胖的碗其实体积大。过后父亲特意用水做量器，演示给我看，证明爱占便宜的妹妹反而吃了亏，老实的我倒是得了益。

　　妹妹是女孩，又比我小，平时父母常教育我要让着妹妹。在分西瓜的问题上，为什么父亲要暗中帮着我呢？我意识到，父亲是在护着老实的孩子，不愿让老实的孩子吃亏。老实，也许是我的天性，但不能不说，父亲当年帮着老实的我的故事，深深地影响了我，让我坚定了做老实人的信念。长大以后，几十年来，老实、谦让，让我多交了朋友，心情舒畅；让我办事顺利，得利多多。老实是福，我深有体会。

做父亲的总希望女儿幸福。让她做个老实人，让她明了老实是福，她便有福。女儿小时候常常和她的一个表姐一起玩，有好几次，我总是拿出两个苹果来，示意女儿挑小的，把大一点的苹果让给她表姐。慢慢地，拣小的，成了她的习惯，成了理所当然。有一次她和表姐去外婆家玩，外婆拿了两个梨，女儿抢先拿了一个小的，为此外婆大加赞扬，给了她10元零花钱，以资鼓励。就这样，女儿从小就尝到了做老实人的福。

大学一毕业做珠宝生意，女儿也遵循老实的原则，把进价老老实实标出来，如此做法，尽管利润薄了一点，但顾客盈门，生意大好，还是享了老实的福。

有句话，叫作得道多助。老实也是一种得道，自然多助。多助，福便在其中了。

老实是福，福己，福人，福社会。

角色感

看电影是我家的传统节目。女儿小学时期的周末晚上，我们一家三口基本都在电影院度过。和现在一般的家庭不同，我们从不看普通小孩感兴趣的动画片和儿童电影，而是看成年人比较喜欢的剧情片。看完电影以后，通常是一家三口的影评会。大概在女儿10岁的时候，上映过由梁家辉和法国女星出演的《情人》，当时非常轰动，因为片中有大尺度的裸露镜头。我们一家三口去看了片子后照例争先恐后地评论，普遍觉得很好。我对片中的裸露持赞成态度，一来觉得与剧情相符，有高潮之感；二来当时刚刚改革开放不久，社会上还有许多保守的声音，电影尺度的适当开放，可以解放人们的思想。

女儿谈的看法没有我这么政治化，她只是说，这部电影里的演员不管穿不穿衣服都很入戏，我们在生活中也要入戏，人生才好看。

虽说人生如戏，戏如人生，但是听见10岁的女儿要把生活当演戏，我和妻子还是大吃一惊，甚至有些担心。这时候，女儿好像看透了我们的心思，她笑笑说："不是你们想的那样啦，我的意思是说，在生活的各个点上，我们都要有角色感，都要入戏。"这话还是挺抽象，但我大概明白了她的意思，我想起了一件事：女儿更小些时，大概6岁吧，有一天，家里装修房子，我和妻子出差，来不及回来给工人们做饭，就让在家的女儿一个人张罗他们吃饭。晚上回家后，我们热切地想知道女儿是怎么做的，她有声有色地汇报："到了吃饭的点，我同他们8个人说，今天没人做饭，我带你们上馆子。然后我带他们去家附近的一家饭店，找到老板告诉他，爸爸妈妈不在家，今天我做东，给我开个菜单，要多些肉，工人爱吃肉，其他菜不要太贵的，吃完了我签单，妈妈晚上回来就来付钱，请他放心。"看女儿的表情，挺像掌柜的，大有当家的腔调。

妻子继续追问女儿："你当时怎么想的呀？"女儿振振有词地说："我把自己当成你了呗。以前你请客的时候也是看客人的身份点菜的：老人多，就多点酥软的菜；男人多，就多点荤菜；外地人多，就多点些无锡本地菜。主人嘛，当然还要控制成本，工人不需要吃很精致很贵的稀奇菜，不扛饥的嘛。"女儿接着说，

"你们在家呢,我是小孩,我做小孩的事,玩我自己的;你们不在家呢,我是唯一的主人,就要把自己当大人,就像爸爸以前常说的,要有角色感,要会'转换角色'。"

转换了一种角色,就要承担起这个角色的责任和义务,让自己像这个角色。有的领导下了海,还把自己当领导,摆着朝南面孔,生意自然做不好;有的人做了父母,自己还像孩子需要人照顾迁就,自然父母当不好;有的人年纪大了,还像年少时一样血气方刚,一不顺心就大发雷霆,自然没有长者风范,不受人待见……聪明的人、成熟的人不但可以在生命转型期顺利进入下一个角色,即使在平时的生活中,也能随意变化角色。

入戏的演员很成功,我们要做生活中的多面手。女儿善"换角",且"入戏"深,我甚欣慰。

吃苦与受苦

读寄宿学校的女儿周末回家,与我闲聊,谈及大家闺秀与小家碧玉之区别,女儿云:"大家闺秀能吃苦,而小家碧玉只能受苦。"此论然否,我未加深究,倒是对吃苦与受苦的区别与联系发生了兴趣,引起些许感想。

吃苦也好,受苦也罢,都有苦的感受,这是吃苦与受苦的相通处。"吃"有主动的含义,"受"却被动,此谓吃苦与受苦的区别点。十年寒窗,说的是读书之苦。这样的苦,有人愿吃、能吃,于是学而成才。商场如战场,说的是经商的艰难困苦。能吃这种苦的人也不少,于是就有成功的企业家。各行各业,有各种各样的苦,那行行中出的"状元",无不是甘愿吃苦、吃过大苦的人。

当然,不能吃苦的也大有人在。于是就有混客,就有堕落者,就有落后于时代的人。不肯吃苦的人以为，不吃苦就可以没有苦滋味，其实大错。生活的辩证法是：不能吃苦到头来反而受苦。那些不吃读书之苦的人，日后会受无才之苦；那些在商场上不愿多动脑筋、多花力气的人，常常会受亏本甚至破产之苦。行行出状元，意味着行行均有失败者，那些败下阵来的人中自然也有肯吃苦的，但不愿吃苦的人，其失败命运则是确定无疑。

吃苦与受苦不一样，还在于前者苦中有乐，吃苦者是为了一个明确的奋斗目标而吃苦，他的苦中已有了成功的憧憬、胜利的希望。而受苦者，除了忍受别无他法，连希望也没有。故而，真正聪明的人都愿吃苦而不去受苦。

一个人能吃苦，是一面镜子，可以从一个侧面照见这个人的素质和层次。

女儿听了我对吃苦与受苦的见解，大有同感，当即表示，定要做一个能吃大苦耐大劳的职业女性。

说"活络"

有一份在华东地区发行的报纸，叫作《华东信息报》。该报有一次别出心裁，在自己的报上开展"活络大家谈"。女儿当时在寄宿学校读初中，星期天回家便和我讨论这个话题，一个小时以后，我们达成了共识。

什么叫活络？活络这个词也真活络，我和女儿查了几本辞典，竟然对活络的解释各不相同。难怪不同的人对活络的理解仁者见仁、智者见智。有的人认为，活络就是好。比如一个人的筋骨，不活络就难于舒展；为人处世也一样，不活络就难于沟通人际关系，难于把错综复杂的事情办好。有的人认为，活络不好。比如一张桌子，活络就不稳定；做人活络容易给人留下不稳重、不可靠之感，办事容易出差错。有的人认为，活络一点是好的，活络是做人办事的润滑剂，但不能太活络，活络过头就事与愿违，滑到反面去了。

说说我的活络观。1943年春，毛主席在延安讲到共产党员做统一战线工作时，用古代制钱作比方，说要像制钱那样"内方外圆"，既要有原则性，又要有由原则性决定的、能够适应各种条件的灵活性。我以为，活络，就应当是"内方"基础上的"外圆"，"内方外圆"即活络的正确定义。

成熟与幼稚之间

十多年前，女儿还是一个小女孩。女孩长大以后是要做女人的，如何做女人，我很欣赏电影演员林芳兵的见解，她主张在成熟与幼稚之间。她说："太成熟了，男人受不了，太幼稚了当然也不行，于是这分寸就落在了'之间'。"

为了让女儿领会成熟与幼稚之间的好处，我认真地对她说了一番我对"之间"的理解。林芳兵的"之间"说，是对女人而言的。其实，"之间"对男人来说，亦未必不是一种最佳状态。

太幼稚不行，是容易理解的。太成熟也不好，个中缘由要复杂一点，故许多人难以领会。太幼稚的人要走向成熟不易，太成熟的人要少一点成熟更难。把握好成熟与幼稚之间的分寸，实在是一门大学问，它是值得一个人活到老学到老的。

在成熟与幼稚之间，大约没有一个现成、明确的标准，全凭个人去领悟，去实践，去追求。然而，通达"之间"境界的方向和线路还是有的。譬如，小事不计较，大事不糊涂，便有"之间"

的味道。大小事均糊里糊涂，顺其自然，叫作幼稚；反之，大小事均斤斤计较，不愿马虎一点，不肯吃一点亏，则亦过于成熟。再譬如，改革和创新，只要有七分把握，就敢闯、敢试，便有"之间"的味道。假如只有三分把握，就去冒七分风险，叫作幼稚；反之，假如有了九分把握，依然不敢动作，非要干有十分把握的事，则也过于成熟。

在乒乓球比赛中，人们常常为擦边球叫好。细细想来，球擦边也是一种"之间"。

商人做生意也有一个"之间"问题。不精明、太幼稚不行，往往会做蚀本生意；太精明、太成熟也不行，也许一时能赚一点钱，但时间长了，被人看"穿"了，客户就跑掉了。

树上长的苹果，太生不能吃，太熟会腐烂。人也是如此，幼稚的人会上当受骗，太成熟的人缺乏朝气和活力，令人生厌失去朋友。从另外一个角度讲，太精明等于不精明，太成熟等于不成熟。为人处世，还是大智若愚，在成熟与幼稚之间好。

女儿如今，看样子真有点成熟与幼稚之间的味道。

危险的优越感

中国的文字真有趣，两个好好的词连在一起，竟也会产生贬的含义。电影《人到中年》里有个马列主义老太太，这称呼从字面上看似乎难以理解："马列主义"是个好东西，"老太太"也是一种尊称，怎么两者一合并，就"正正得负"了呢？但是尽管如此，人们还是意会的。再说"优越感"，也属此类。"优越"本来没有什么坏处，恰是求之不得的，而加了一个"感"，成了"优越感"，毛病就出来了。贵州某公子就是一个典型，这个无辜残害女教师的坏蛋，由于家庭"优越"，逐步发展到有恃无恐，仗势欺人，最终拿人命来当儿戏。所以在"优越感"前冠以"危险的"三个字，实在不算过分。

产生"优越感"的基础，首先要有"优越"的条件，这是不言而喻的。然后，我想，没有理由，也没有必要，为了避免产生优越感，去铲除种种"优越"的条件——父母为了不让子女产生优越感，而不去成名成家，不去发财致富。所以，我们家一方面努力创造优越的条件，创办私营企业，积累家庭财富；一方面教育女儿正确对待"优越"，不为之所累，懂得用自己的智慧和劳动去实现生活的价值。为了做到这一点，我告诉女儿，她虽然是独生子女，但我们不一定把家里的财产让她继承，她要获得财富，要么和我们共同奋斗，要么独立创办企业，独自经营。为了防止她滋生优越感，我们还有意让她长期和外婆外公一起生活，因为外婆特别节俭，她烧红烧肉，舍不得洗锅，会再放一点水，做成一碗"汤"。在外婆的影响下，女儿养成了节约的习惯，用水也会把水龙头开小一点。我们让她住寄宿学校，学会自理生活。女儿从小就身处优越而没有优越感。

面子问题

"不要脸"和"死要面子"都是贬义的，那究竟是要面子好还是不要面子好呢？有一次，女儿向我请教这个问题。

在我看来，古今中外的人都是要面子的，因此，要不要面子不是问题，问题是要什么样的面子，如何维护自己的面子。

过去和现在，结婚讲排场的在中国大有人在。结婚为什么要摆排场？是为了婚后生活幸福吗？显然不是，无非是面子而已，想以此证明经济实力雄厚、亲朋好友多。这是许多人的面子观。杨开慧女士和毛主席结婚时,杨提了三条要求:一是不坐轿子,二是不要彩礼,三是不举行婚礼。这是杨开慧的面子观。在她看来,如果结婚讲究排场,就很浪费(时间、精力和金钱),就很俗套,就无面子可言,而"三不"倒是很有面子的。

只要是人,他的一生中就难免犯错误。犯了错误怎么办?有些人采取死不认错的办法,比如日本极右势力就死不承认南京大屠杀,以为这样就可以保住面子。经济学家孙冶方和红学家冯其庸,他们不但乐于接受别人对自己学术观点的批评,而且把这些批评意见结集出版,供更多的人学习和借鉴。显然,他们这样做一点没失面子,反而很有面子——体现了他们的雅量。犯错误本身失不了多少面子,坚持错误才是大失面子的事。

要什么样的面子,如何维护自己的面子,是可以检验一个人的素质的。一个素质低下的人,常常会做出没面子的事来,如不讲卫生随地吐痰,不讲谦让进门拥挤,不讲和气开口骂人,这种人失了面子还不以为然。有些人在死要面子的时候往往使自己更失面子。比如他们常常不懂装懂,耻于下问,以此保面子,结果大出洋相,面子丢尽。一个高素质的人,在不经意中就会做出很有面子的事来,比如乘公共汽车主动让座,"谢谢""对不起"常常挂在嘴边。这样的人不随波逐流,不刻意讲究面子,而他们的一言一行都是很有面子的。

只要你不断学习,不断进步,做一个高素质的人,你就会在这个社会上很有面子。

听了我对面子问题的看法,女儿表示赞赏我的面子观。

首要问题

　　我爱读读毛主席的书。读毛主席的书，不是别人要求我的，是我自己喜欢。读毛主席的书，可以学到正确的思想方法，可以学到不错的文字表述。

　　毛主席在《中国社会各阶级的分析》一文中说："谁是我们的敌人，谁是我们的朋友？这个问题是革命的首要问题。"是啊，搞清楚谁是我们的朋友，就知道革命的力量所在；弄明白谁是我们的敌人，就知道革命的对象所在。这当然是革命的首要问题。我常想，作为一个个人，首要问题是什么呢。我的结论是，"你想成为一个什么样的人"，这是一个人的首要问题。我是读初一的时候想清楚这个问题的。根据我的天赋、我的兴趣、我的抱负，我想成为一个靠写作谋生、靠写作为社会做点事的人。确立了这个方向以后，我就在写作上多下功夫，读名著，练写作。长此以往，我的思想水平、写作能力，大有长进。16岁开始写作杂文，20岁当文字秘书，23岁进报社当了记者、编辑。

　　一个人的少年时代，正是世界观形成的时候，正是对自己有了基本估价的时候，因此，这个时候也是确定自己"成为一个什么样的人"的时候。女儿刚进初中的时候，我向她提出了她的"首要问题"。女儿说，今后，她要成为一个"比文化人有钱，比有钱人有文化"的人。她说，这就是她的方向，她会一直带着这个"指南针"往前走。

　　正是明确了"首要问题"，正是有了方向和"指南针"：女儿读大量的书，思考大量的社会问题，力争比有钱人有文化；女儿勇敢创办公司，勤奋经营公司，力争比文化人有钱。她说，这叫物质文明和精神文明在自己身上高度结合。

"21"

这里的"21",不是时间概念——北京时间21点,也不是21世纪的意思。这里的"21"是扑克牌中的一种游戏,叫作"21点爆"。游戏规则是如此的:从1点到21点,以数字大者为赢,但如果到了22点或以上,则"爆","爆"就比1点都小了,当然也就输了。

中国人年满18周岁就算成年人了,西方人则以21为界,21周岁才算成年。这一点也许就是从扑克游戏的规则中来的。同样一个道理,如果用抽象的理论去教育人,往往不易被接受,人往往容易从一件具体的事例中去体会、去悟,从而明白一个道理。"21点爆"里面就隐含着一个道理:凡事要有一个度,过犹不及。为了让女儿从小知晓这个抽象的道理,我有意识地和她玩玩这种游戏,让她从中尝尝甜酸苦辣,尝尝"过"的苦味。

为让女儿知晓"过"之可怕,我还跟她去看乒乓球比赛,这一比赛中也有"过"的道理在里面。你看那擦边球,多好啊,算界内的,对手又不易接到,故往往是一只赢球,但运动员又不能刻意去打这种球,因为稍稍过了一点,球就擦不到边了,就出界了,就输了。所以,擦边球是好球,又是险球。险的事情只有在万不得已的时刻可以做做,通常是不可行的,比如诸葛亮的"空城计"。

"过犹不及"的道理其实跟中庸之道是相通的。长期受"过犹不及"的教育,女儿虽小,却已很中庸。在寄宿学校读初中的时候,学校把学生的24小时排得死死的,除了学习、吃饭就是睡觉,没有一分钟可供学生自由支配。这个作息时间令许多同学反感,大有意见,纷纷要求学校给学生每天2个小时的自由活动时间。女儿是学生会干部,又是同学们信得过的人,所以他们恳请女儿去与校长交涉。女儿明知同学们的要求是对的,她自己也有这样的要求，而且知道2个小时的度也是适合的，但她深知这个度在校长那里通不过，会"爆"，所以要以校长的度为"21点"，在学生与校方之间走中庸之道，故改2个小时为1个小时。通过与校长谈判，终于让校方同意了"1个小时"的建议。

知晓过犹不及，不等于说不思进取，不去向最好的目标努力。女儿如今自己开公司经商了，在和客户的无数次商业洽谈中，她总能在自己的"21点"和客户的"21点"中寻找平衡，用中庸的办法使双方均离"21点"尽量近一点，但又不至于"爆"，所谓双赢，皆大欢喜。

该简单的要简单

做父母的总是希望子女快乐。如何才能快乐呢？我常常告诫女儿，该简单的要简单。假如简单事情复杂做，岂不累？岂不难？累加难，快乐自然无影无踪了。

中央电视台有一年的新春晚会联播节目中，有一个"数鸡蛋"的细节：一位邻居把"50个鸡蛋"寄放在一位老大爷处。这位老大爷正好想吃鸡蛋，但他又怕邻居看到以为自己吃的是那50个鸡蛋中的，就把邻居的鸡蛋数了一遍。不料，那"50个鸡蛋"其实只有49个，于是他就"复杂"起来了，把自己的鸡蛋放1个进去凑齐50个吧，想想不甘心，少1个就少1个吧，又担心人家说他"偷"。他手拿1个鸡蛋正在为难之时，那位邻居来了，老大爷尴尬万分连声解释，谁知邻居对他说，1个鸡蛋是小事无所谓的，弄得老大爷哭笑不得。这位老大爷错就错在该简单的不简单，他只要不去数那鸡蛋，一切就没事了。这里还有一个正面的例子，电视连续剧《窈窕淑女》中的桂花总是用一种简化的思维来看待事物，来对待人。在一个阳光明媚的日子，正准备出门的唐薇发现有人在门口恶作剧地画了三只大乌龟，便怒气冲冲地要找恶作剧者算账。但桂花却没想得如此复杂，她告诉唐薇乌龟象征长寿，这是好兆头。于是，大家的心境又如屋外的阳光一般明媚了。

俗话说做人难，人难做，难做人。其中的原因，恐怕多半是把简单的事弄复杂了。女儿笑口常开，她也是该简单就简单的。有一次，她的一个同学来我家玩，突然接到另一个同学的电话邀请她和我女儿一起出去吃饭，说是请客。当时在我家的那位同学说，她是真请客还是假客气啊？女儿不假思索地说："管他真假，真的很好，如果是假客气，我们也照去，让做假的人破费岂不美哉！"

劳者多能

人们常说，能者多劳，此话不假。其实，还可以这样说，劳者多能。生活中这样的故事多得很，想想也合逻辑，劳的过程便是实践，实践出真知，长才能嘛。

为了让女儿日后成为"多能"的人，我尽量创造机会让其"劳"，早早地让她学会了洗衣服、做饭之类。小学期间我还让她晚上做电影院吧台的售货员，让她学会卖东西。这种"劳"多了，她便长了销货能力。比如，人家用10元一张的钱来买一样5元的东西，她会尽量再卖一样5元的东西给顾客，顺便把生意做大。比如，她发现，问人家"要不要喝茶"，响应的人不多，而改成问别人"喝红茶还是喝绿茶"，相对来讲，愿意来一杯的人会多一些。

从小尝到了"劳者多能"的甜头，走上社会以后，女儿习惯了亲力亲为。创办公司做业务,她既当指挥员,又当战斗员,掌握办成一件事的全过程。这样,一方面增长了实战能力,另一方面提高了对员工的指导能力。

放学生出校门

"文革"前,我父亲是无锡市某家国有企业的党委书记,"文革"中,他先是"靠边站""挨批斗""干部下放",后又被"落实政策",重新起用,担任无锡一家化工企业的厂长。在他当厂长期间,因企业发展需要,想创办一个发电车间。可上级有关领导官僚主义,对这一项目非议颇多。当时我父亲面临两难的选择,要么得罪领导,"将在外,君命有所不受";要么服从领导意志,以牺牲企业和国家利益为代价。我父亲选择了"不受君命",结果挨了上级批评,但发展了企业生产力。当时上初中的我问父亲:"为什么要这么干?"父亲说:"一个人在特定的情形下,要有担当。"

在女儿上初中的时候,我跟她讲了爷爷在化工厂因办发电车间挨批的故事,并重点讲了人"要有担当"的道理。不料,女儿让我教"坏"了,没几天,她闯祸了。事情是这样的:当时,她所在的是一所寄宿学校,学校规定学生每月只能回家一次,可那一天只是周末,不是学校规定的学生"回家日",班里有十多名学生想回家与父母团聚,而没有班主任签字,学生是出不了校门的。女儿是班长,同学们因此求助于她。女儿想,同学们周末回家无可非议,非寄宿学校学生可以天天回家,寄宿学校只是提供了寄宿的条件,没必要一定要把学生"关起来"。于是,她冒着被学校处分的风险,果断地冒充班主任的笔迹替同学们开了"放行证"。结果怎样呢？她挨了"重批评"，被取消了那个学期"三好学生"参选资格。我问她后悔不，她轻松地说："受批评也好，不当'三好学生'也好，我都无所谓。我在意的是，我为同学们做了一件好事，作为班长，做了一件有担当的事。我不后悔，但今后会更注意方法。"

相信美好，是一种乐观的、积极的心态。相信美好，才会激发自己的主观能动性，去克服一切不如意的因素，为美好的到来创造条件。

知道什么是更重要的

我们一家三口都喜欢看电影和电视剧。看了电影或电视剧，女儿常会问我一些相关的问题。

有一次，我和当时12岁的女儿一起看电视连续剧《血染紫禁城》，她问我，慈禧作为一个女人，竟能统治一个泱泱大国，她是具备了哪些超凡的智慧和能力呢？

我说，这个问题慈禧自己做了回答。在她的晚年，她曾对身边的人说："其实做个皇帝并不难，只要知道什么是重要的，什么是更重要的。"

我接着说，知道什么是重要的，并不难；难的是知道什么是更重要的。

学生在校读书，掌握课本知识，考试获得高分，似乎是重要的。大多老师这样认为，家长这样认为。可是别忘了，把书读活，学会思考，形成自己的价值观、理念、思想方法更重要。这就要看淡分数，多读课外书，多质疑，多问一些为什么。

毕业后参加工作，收入是重要的，那是糊口养家的必须。可是要明白，在工作中成长更重要，那是改变自己命运的先决条件，成长得好了，或可晋升，或可走出去自己创业。

到了男婚女嫁的时候，婚姻是重要的，家庭是重要的。可是还有更重要的，那就是爱情。爱情大于婚姻，爱情大于家庭。有婚姻有家庭，没爱情，便没有快乐和幸福。这样的婚姻和家庭，不要也罢。

我们自然当不了皇帝，但什么是更重要的，恰恰和皇帝一样，万万不可不知。倘若不知什么是更重要的，那么，你所有的聪明，便近乎多余，甚至是个笑话。

听了慈禧的那句名言，又听了我一番补充的话，女儿陷入了沉思，久久没有说话。

若干年后，女儿放弃了去中央级新闻单位工作的机会，而选择了创业。而今，女儿事事从大处着眼，抓大放小。她的选择和作为告诉我：她知道什么是更重要的。

从小做家务

有人说："穷人的孩子早当家。"也有人说："忙人的孩子早当家。"还有人说："无妈的孩子早当家。"细细品味，上述的话都是有道理的。因为家里穷，只能让稍大的孩子早一点自食其力，早一点"当家"；因为父母忙，没那么多时间关照小孩，甚至需要小孩帮着大人关照家里，所以这种小孩早"当家"；没妈的孩子自然早"当家"。

女儿是有妈妈的孩子，我们家也不穷，我们夫妻俩更不算大忙人，在这样的家庭里，怎样才能让女儿"早当家"呢？我们的办法是家务上"母退女进"。比如买油、买盐之类，女儿5岁起就替代了她的母亲。在一个冬日里，外面寒风凛冽，女儿出门买酱油。我有点不放心，便跟在她后面观察，只见她走了几十米就停下来把酱油瓶放在地上,然后用嘴里的热气暖和自己的一双小手。来回几百米的路程,她如此重复了十多次,才完成了买酱油的任务。一路上,跟在后面的我曾几次想赶上去帮助她(把酱油瓶接过来,并抱起她),但理性告诉我,在寒风中独自行走对小孩是一种很好的磨炼,便作罢。回到家的女儿,脸和手冻得通红,但表情里有一种壮烈。看着她,我和她的妈妈都感到欣慰。还有一次,也是冬天,也是去买酱油,女儿从三楼往下走,才走了几步,就一失足滚了下去,一直滚到二楼。我和她妈妈当时看在眼里,疼在心里,正想下去扶她时,只见她自己站了起来(酱油瓶没打碎),拍拍身上的灰尘,继续往一楼走去。我们忍着当没看见,待女儿回家时,我们才表扬她刚才的勇敢,不料这时女儿一下哭了起来。在上学前,女儿就学会了到菜场买菜,学会了杀鱼,学会了洗衣服,并常常干这些家务事。

从小做家务,不但可以培养孩子从小爱劳动,还可以使小孩早独立、早当家。女儿出国以后,住在房东家。房东是个老外,但喜欢吃中国菜,女儿三天两头做中国菜请房东吃。房东老外也懂礼尚往来,免了我女儿一半的房租。女儿在信中说,感谢父母从小没让她娇生惯养,让她学会并养成干家务的习惯,现在长大了,得益匪浅。

读书的地方

说起读书的地方,许多人会想起学校吧?其实,我认为更好的读书的地方,不在学校,而是在书店,在图书馆,在自家的书房。

我上小学的时候,正值"文革"开始,高中毕业的时候,正值"文革"结束。"文革"期间,学校对学生管得不严,"唯分数论"没有现在厉害,很多过来人说,因为"文革",在学校没有读到多少书，这是事实。但是，那个时候，喜欢读书的人，正因为在学校没有读到多少书，反而读了更多的书，因为有时间和精力在书店、在图书馆、在家里"畅所欲读"了。我就是这样的人。记得小时候，在书摊上看了几百本图文并茂的小人书（花1分钱，看一本书）。在图书馆和家里，看了无数本诸如《红楼梦》《三国演义》《西游记》《水浒传》《安娜·卡列尼娜》《复活》《战争与和平》《红与黑》《少年维特之烦恼》《茶花女》《钢铁是怎样炼成的》《静静的顿河》《青春之歌》《第二次握手》等文学名著和《资治通鉴》《毛泽东选集》等历史和政治书籍。

女儿上学读书的时候，社会上流行分数教育了，学校把课程、作业、考试排得满满的，抓得紧紧的，学生除了读课内书，少有时间去读课外书，少有时间去书店读书，去图书馆读书，因此，书读得反而少了。为了让女儿读"万卷书"，我让她懂得学校主要是掌握基础知识的地方、拿文凭的地方，真正读书的地方在学校以外，在书店，在图书馆，在家里。

在我的影响和培养下，女儿成了书迷。她会站在书店里看一整天的书，坐在图书馆里读一整天的书，在卧室里堆满了她买回来的书。她比同龄人不知道多读了多少书，效果可想而知。

概率

概率是一个数学概念，生活中有关概率的事无处不在，善于计算并运用概率十分重要。赌场就是用概率赚钱的，它设计的赌博项目赌场赢的概率大多在50%以上，个别项目概率正好50%的，赌场则"抽水"——客人赢了要付5%"流水费"。

我正想跟女儿说说善用概率的问题，她把这个契机送上来了。

她说，幼儿园的同学家买彩票中了一个大奖，奖到一辆桑塔纳轿车，问我们家为何从来不买彩票，碰碰运气。我直截了当地告诉她："因为从概率上讲，买彩票是吃亏的。比如发行一个亿的彩票，你一个人把它全部买下，得到的奖金和奖品的总值不值一个亿，大约只有五千万元，这就是说，以概率计算，你花了两元钱，买到的'东西'仅值一元钱。"我又告诉女儿，塞浦路斯和韩国济州岛的居民是夜不闭户的。这是什么原因？也是概率在起作用，因为那里的小偷少之又少，被偷的概率微乎其微。

听了我的概率之说，女儿还真活学活用了。她每次乘上我的小车，总会本能地系上安全带，从不遗忘。我问她是不是幼儿园老师教的，为了安全开车、乘车要系安全带？她一本正经地说："既是老师教的，又是你教的，不是吗？眼下车祸的概率是比较高的，一个城市，一年中因车祸丧生的人成百上千。"女儿小时候老是怕打雷，她倒不是怕那有点可怕的声响，她是怕雷打死人，因为她有一个太姑婆的先生便是被雷击中而身亡的。后来我跟她说："一个人被闪电击中的概率大约只有三十五万分之一，你还怕不怕？"她笑着说："那我几乎不怕了，但也并非完全不怕，因为还有那三十五万分之一的概率存在呢！"

女儿在大学里跟我说，她不想"读研"了，她想早一点到社会上去闯，去奋斗，想成就一点事业。我说："你有把握？"她说："只要努力，成功的概率应该不小吧！"

看奶奶打乒乓球

我的母亲——女儿的奶奶，是一个特别认真的人，在机关上班时，她认真工作，退休后，她认真生活。女儿8岁那年，是我母亲退休生活的第一年，怕她在家寂寞，我常回家看看，和她聊聊家事国事天下事。有一次，我问母亲如何安排一天的生活，她告诉我，她生活得很好，很充实，每天除了做家务，除了看书、读报、听广播，还花一个小时锻炼身体，比如打乒乓球、打篮球、踢足球等。我好奇地问她："这些体育活动都需要场地，而且是团体活动，你一个人在家里怎能'动'得起来？"母亲说，这些运动项目，她一个人单独完成，说着站起来表演给我看，只见她一会儿伸手做着打乒乓球的动作，一会儿伸脚做着踢足球的动作，一会儿又是投篮球，又是打羽毛球。那认真的样子，真如在参加一场紧张的比赛。看着母亲的表演，我很是感动，很是敬佩，也获得了启示。启示一，做一件事情，往往只要目标明确，意愿强烈，有些看起来必备的条件其实是可有可无的，有条件最好，没条件也不能成为不作为的理由。不是吗？打乒乓球得有乒乓球台、乒乓球拍、乒乓球，有对手，固然更好，但没有上述条件，一个人照样可以打，照样可以达到体育锻炼的目的（反正不是练球艺，反正不是比输赢）。启示二，人要有自控能力。试想，一个人打乒乓球，不像两个人打乒乓球那么有趣，是比较枯燥的，要长期坚持非有很强的自控能力不可。

母亲一个人打乒乓球的事，感动了我，教育了我。我想，我还要用母亲一个人打乒乓球的事来感动教育我的女儿。于是，我特地带了女儿去奶奶家，让女儿亲眼看看奶奶如何一个人独自完成打乒乓球之类的体育活动，同时，我还把从中得到的启示和女儿分享。当时8岁的女儿对我说，这件事让她得益匪浅。在往后的生活中，我看到"奶奶精神"在我女儿身上开花结果了。女儿读小学时，学校离家较远，乘公共汽车又不方便，上学送她，放学接她，成了家里的一件麻烦事。为了减轻家长的这一负担，女儿读三年级起，就骑自行车上学了，学车没有人教，她就自学，跌跌撞撞，终于学会。学校不允许三年级的学生骑车上学，她就把自行车藏在离学校 50 米的同学家。女儿从新西兰大学毕业回国的第一天，一下飞机，就到安徽谈业务，投入工作。

兴趣和特长

女儿刚上小学的时候，学校开办各种兴趣小组，有跳舞班、电脑班、书法班、摄影班、写作班等，女儿回家征求我和妻子的意见。我主张她上写作班，妻子主张她上跳舞班。妻子的意见是，女儿从小长得不错，比同龄人高，跳跳舞有助于增强身体的柔韧度，培养女性的肢体美。我的意见是，女儿从小有想法，逻辑性强，如果写作，会很出色，而唱歌跳舞的女孩子很多，女儿跟他们比优势不明显。当时征求女儿的意见，她说跳舞的小朋友可以穿花裙子，她愿意学习跳舞。

跳舞班上了一段时间，女儿发现，自己缺少音乐细胞，天生短板，且跳舞练习多为基础动作重复，很枯燥。这时候她听了我的话，换到写作班。这一换换出了新世界，她很快在班中脱颖而出，她的文章立意新、文笔畅，多次得奖。女儿本来就爱看书，有了鼓励，更加投入阅读写作。特长激发兴趣，兴趣促进特长，她进步很快。

由此，我告诉她，兴趣和特长之间，以特长为重。为什么这样说呢？因为人的特长基本天生，加上后天的强化训练会成为独有的"比较优势"。社会方方面面都有竞争，要胜出，就要发挥自己的"比较优势"。兴趣的产生原因很多，除了与特长有关的兴趣，还有几种。一是社会流行趋势对人的影响。社会上流行文学的时候，很多人号称自己爱好文学；电脑精英吃香的时候，软件编程又成了很多人的兴趣；诸如此类。二是崇拜心理产生兴趣。比如电影《预备警官》中的主人公兰兰因为崇拜福尔摩斯，觉得当警察是自己的兴趣，报考了警校。她入学后，因性格和体质的关系，成绩很差。三是人天性的补缺心理。人的天性向往完美，对自己身上不如人的地方往往特别敏感，千方百计想办法补上，这种补缺心理也会被误认为是兴趣。因此，我觉得，兴趣有"真伪"之分，以有特长为前提的兴趣才是真兴趣。我们应积极地去发现孩子的特长，引导他们对自己的特长产生兴趣。特长与兴趣统一了，才能减少"浪费"，加快进步。

相信美好

女儿8岁时，问我："白天过后是黑夜，黑夜过去是白天，那么，我们是相信天总会亮的，还是相信天总会黑呢？生活中有美好，也有太多的不如意，那么，我们该相信美好呢，还是该相信不如意事十有八九呢？"

8岁的她能提出如此问题，让我有点惊讶。好在这个问题我年少时也思索过，早有答案。

我告诉她，尽管白天过后是黑暗，但依然要相信天总会亮的；尽管不如意事十有八九，但依然要相信美好。

我的理由是：天亮天黑是自然规律，人类难以改变，而社会生活，取决于人的主观能动性。人是地球上的高级动物，方向上一定会越来越走向文明，尽管有时会"倒春寒"。还是那句话，道路是曲折的，前途是光明的。

相信美好，是一种乐观的、积极的心态。相信美好，才会激发自己的主观能动性，去克服一切不如意的因素，为美好的到来创造条件。

毛主席说:"战略上藐视敌人,战术上重视敌人。"此话体现了优秀的思想方法。相信美好,实际上也是一种战略。可以这样说:"战略上要相信美好,战术上不可忽视种种妨碍美好的因素。"

听了我"相信美好"的观点,女儿陷入沉思。

几年以后,女儿对我说:"我宏观上相信美好,微观上相信惧者生存。"

女儿此话让我欣慰。她是把心态上的相信美好和行为中的谨慎结合起来了。甚好!

讲理的地方

有一位教育家说过这样的话,本来没有差生,差生都是被家长和老师教出来的。无数事实证明,此话不假,一点也不偏激。我甚至发现,有些文艺作品也误人子弟,制造差生。记得有一次我和女儿在一起观看电视剧《妻子》,其中有句话使我震惊,说什么"家是讲爱的地方,不是讲理的地方"。这分明是把爱和理对立起来了,颇有不讲理的味道。

我生怕女儿受负面影响,故在女儿面前毫不留情地批判了这句话。我的中心观点:一是讲爱和讲理是统一的;二是讲理是不分场所的。为什么说讲爱和讲理是统一的呢?因为,对一个人讲理,本身就是对这个人爱的一种体现。比如,你爱的那个人犯了错,你向他提出来,对他讲理,帮助他提高认识,这不是爱他是什么,难道可以为了爱,一味纵容,让他永远错下去吗?为什么说讲理是不分场所的呢?因为,在任何地方、任何情况下,针对任何人,讲理只会起到正面的作用，不会有什么反面的影响。在敌人的屠刀之下，革命者还在讲理："砍头不要紧，只要主义真。"这里的讲理，是一种以正压邪，更何况同学之间、朋友之间、亲人之间呢？理越辩越明，这个世界讲理的人多了，社会也就文明了，和谐了。

受我的影响，女儿成了一个喜欢讲理的人，第一个受益者便是我这个当父亲的。她常常跟我争辩，跟我讲道理。在跟她的争论中，我还有所长进呢！女儿在中学时有几个好朋友，过去她发现了她们身上的缺点，总是不好意思说出来，也有一点朋友不是讲理的对象的误解，自从我和她一起批判了那句"家不是讲理的地方"以后，她对朋友也是照讲不误其理了。事实证明，常和家人讲理，并没有影响爱。说白了，讲理应当是爱的另一种表现形式。

有理走遍天下。让孩子先达理，后讲理吧！

孤单

"我想我会一直这样孤单，这一辈子都这么孤单，我想我会一直孤单，这样孤单一辈子……"女儿的车里常放"奶茶"的这首歌。开始我并未在意，只当是她喜欢刘若英，时间长了，我不禁想，难道女儿觉得孤独，不快乐？有一次，我尝试着打探女儿的心思："你会常常觉得孤独吗？"女儿回应我："大概所有的人都觉得孤独吧。世上没有两片完全一样的叶子，所以再要好的人之间也会有空隙，这种空隙就会产生孤独感。更何况，在人生中，一个人独处的时间是非常多的，一个人的时候难免孤单，这时候要会给自己找'内容'填满。一个人的时候难免孤单，但是换种想法，这种孤单也是难得的情景。学会孤独，甚至享受孤独是一件很重要的事情。"

回想女儿的成长，的确她的大部分时间都是独自度过的。女儿小时候，我和妻子工作都较忙，我们白天没起床，她已经去学校了，晚上她睡觉的时候我们还没有回家；到了初中她住校，初中毕业马上出国，独自在新西兰度过了四年。我想，她大概是在孤单中适应了孤独。但是她说是我以前讲述她奶奶的事，有意让她很早就理解并适应了孤独。

女儿的话让我再次想起了我的母亲。有的老人失去老伴后，好像失去了身体的另一部分，迅速枯萎；有的老人把孩子和第三代作为依靠和感情的寄托，弄孙为乐；有的老人再次寻找老伴，互相搀扶，一起走到人生的尽头。这些现象都很合理，但是我的母亲和他们都不一样。她是一个思想彻底而本质、行为果断而坚持的女子。父亲去世以后，母亲也很难过，但是她的难过是失去了一个同志、一个朋友、一个亲人，而不是失去了一个伴。她曾经说过："人家说我没了老伴很可怜，我觉得我不可怜，因为我有很多'老伴'。老友是伴，称之为'友伴'；钢琴为伴，称为之'琴伴'；广播为伴，称之为'播伴'；运动为伴，称之为'动伴'；读书为伴，称之为'书伴'。老友让我倾诉，钢琴让我沉醉，好听的广播让我有交流之感，适宜的运动让我感觉年轻，书让我知道外面的世界。你说，我的伴是不是全天下最好的伴？"事实上，因为父亲生前是领导，工作很忙，他们夫妻一辈子在一起的时间很少。我相信，她的这套"伴"理论，并不是寡居后的自欺欺人，而是人生的体会，形成了根深蒂固的思想理念。

女儿与奶奶的接触并不多，没想到，我母亲的思想仿佛已经转移到了她的身上。她告诉我一些我所不知道的生活小事：小时候，她步行到车站搭车去学校需要近1个小时，路上枯燥而孤单，这个时候她就唱歌，在脑子里编笑话故事；放学后，家里没有人，她就开着电视机做作业，仿佛屋子里有很多人在陪她；平时，她喜欢看书,和书里的人说话。女儿自信地说:"会和自己相处的人相信更容易和朋友相处,甚至,会和自己相处的人更容易在大自然中得到乐趣。"我深以为然。

相对孤单的女儿没有养成孤僻的性格,她开朗、豁达,很容易和老中青三代人都打成一片。听了她的那些话,我甚至想到:也许只有善于孤单的人才能真正开朗。这就好像橡皮筋的弹性一样,越能收缩的就越拉得长。

向爷爷学平易

我的父亲——女儿的爷爷,是位领导干部。作为一个领导干部,他身上最大的优点,是平易近人。平易到什么程度呢?在马路上,他被一个不相识的人拦下,那人说:"高县长,我儿子高中毕业在家一年了,至今没找到工作,您能否帮我写个条子,介绍一份工作?"父亲欣然答应,立即在路边自行车坐垫上写成"工作介绍信"。下班回家后,他会和家门口卖蔬菜的农民聊天,农民要上厕所,父亲替他招揽顾客,做成买卖。有时,看到邻居家小孩的玩具坏了,他主动帮助修理。父亲的平易,使他成为一个受欢迎的人、有益于别人的人。我希望女儿以后不管有多大成就,无论成名成家,一定不能少了"平易",缺了"近人"。于是,我对她讲爷爷平易的所作所为,要她用心学习爷爷的平易近人。

受爷爷和家庭的影响,女儿从小把平易看成重要的优秀品德,并努力实践之。看到乞丐,她会有同情心,有平等意识,把零用钱送到乞丐手里。她自己学习成绩优秀,从不看不起学习成绩差的同学,照样会和他们交朋友,一起玩,并辅导他们学习。

先看政治新闻

社会发展到今天，看电视是"家常便饭"。然而，打开电视机，先看什么，不同的人有着不同的选择。我有一位热衷做股票的朋友，他告诉我，他看电视首选股票行情，以及跟股票行情有关的经济新闻。

我也算是一个老股民了，而且喜欢做短线，其实电视里播的股票行情对我也大有用处，可我每每打开电视机，必定先看政治新闻，尤其是国际政治新闻。

我常对女儿说，关心政治，就是关心社会事务，关心全人类的前途和命运。一个人光有专业知识，算不了知识分子，一个真正意义上的知识分子，要脑子里装着政治，心胸里怀着全人类。在我的影响下，女儿也成了个"政治分子"，她看电视看得最多的也是新闻，她关注着世界各国的社会制度、民主和法制的形式，关注着发生在世界各地的战争。记得前几年美国攻打伊拉克的时候，她曾陪着我通宵看战争新闻。女儿在新西兰读大学的时候，在给我的一封信里这么说："一个最最自私的人只在乎自己一个人的利益；稍微好一点的，只在乎自己家庭的利益；再好一点的，只在乎小团体的利益；再好一点的，只在乎本民族的利益。只有那种高尚的人，才能做到胸怀人类，放眼世界。"

一个女孩的特长

女儿上初中一年级时，问我一个问题："一个人假如没有明显的特长，如何在社会上有立足之地，有所作为呢？"

为了回答她的问题，我跟她讲了一个故事：

日本有家公司在中国设立分公司，分公司员工有日本过来的，也有在中国招聘的。日本公司招聘员工十分重视面试。面试中面试官必问的问题——你的特长是什么？只有通过了这一关，才能进入下一个程序。

第一位应聘者说，他的特长是会说英语、德语、日语和中文。因懂四国语言，他通过了第一关。第二个应聘者会销售，曾在一家房产公司有不俗业绩，他也过了关。下一个是女性，28岁，当面试官问其有何特长时，她羞涩地说："我没什么特长，但我自小到大，从来没有迟到过。"

三位面试官笑了，笑得很灿烂，其中一个说："不迟到是优点，从不迟到就是优点优到极致，就是特长。"最终，这个自称是没有特长的女孩被录用了。

讲完故事，我对女儿说："你尚年少，现在没有明显的特长很正常，但你有两大优点，一是诚实，从不说假话；二是善于独立思考。你把这两个优点优到极致，你将是一个受欢迎的人、一个较有出息的人。"

走上社会以后，女儿凭着上述两个优点的发扬光大，做人做事都不错。

生命的长与好

女儿上初中时，读到塞涅卡的一句名言："人生如同故事，重要的并不是有多长，而是在有多好。"

读了这句话，女儿有点疑惑，征求我的意见。我明确地说："没有数量便没有质量，人生在乎长短。

我接着说:"人的生命是美好的、宝贵的。美好的东西、宝贵的东西,当然是越多越好,越长越好。如果人的生命短暂得只有一分钟,哪还有好可言?因此,我们不能不在乎人生的长短。"

"人生就是经历,愉快的经历也好,痛苦的经历也好,都是人生必经的,而且都是有意义的。愉快的经历,可以让我们享受人生的美好,更加珍惜生命;痛苦的经历,可以磨炼我们的意志,促使我们对许多问题进行反思。有言道,'自古英雄多磨难',南非的曼德拉,在狱中度过了痛苦的27年,出狱后被选上总统,成了英雄。可见,经历都是宝贵的,我们要获得更多的经历,只能寄希望于人生长一点,更长一点。

"人生只有一次,没有机会重新来过。塞涅卡强调'在于有多好',本没错,错的只是'不在于有多长'。在两样都很重要的东西面前,如果我们为了强调一个东西,而去刻意否定另一个东西,不是实事求是的做法,是一种偏激。"

从当时的表情看,女儿听了我的见解,似乎解了惑。

12小时飞行

女儿6岁时第一次坐飞机,到新疆,飞行了4个半小时。回来后她跟我说,飞行时间实在太长,她在飞机上无所事事,好像飞了一整天。后来,她去新西兰读书,中途转机,行程超过12个小时。有一次,我问她:"你去新疆,好像飞了一天,去新西兰,是不是觉得飞了三天?"女儿说,不觉得。印象中第一次去新疆,因为不知道飞行的时间,所以始终在等待与烦躁中;现在去新西兰,虽然行程有12小时,但是有了打算,可以看书,看电影,睡觉,分配一下时间,也不觉得辛苦。

女儿的反应在我意料之中。我问她的目的是告诉她，"12小时飞行"背后的意义。我说，人生的路很长，如果盲目地生活，没有追求，就像你的新疆之行一样，无所事事，焦虑烦躁。但是有了目标，就可以制订明确的计划，步步为营。女儿大表赞同。她补充说，有了"12小时飞行"的经历，承受力变强了，以后再坐4个小时的飞机，"毛毛雨"。

如果要解决眼前的问题，往往需要向更高的目标挑战。我给女儿说了一个故事：以前有个长跑运动员，为了迅速提高体能，每天在脚上绑铅块训练。由于训练时承受了比对手更大的负荷和压力，实力大大增强，比赛成绩遥遥领先。同样，要"脱贫"，首先要"致富"。女儿听了我的话，深以为然。工作以后，她虽然对物质生活要求不高，但是并没有"小富即安"，她说："为了'4小时飞行'不辛苦，我要习惯'12小时飞行'。"

女儿的"处女作"

女儿在幼儿园的时候，星期天经常跟着我外出采访。一方面，她一个人在家没人带；另一方面，我想让她从小进入一种"氛围"。

采访的对象很多，有农民，有工人，有教师，有企业家，还有政府领导，女儿跟着我，从小就见识了各式各样的人，产生了关注人的兴趣，慢慢养成习惯。走在马路上，她能看出"这个人像老师"，"那个人像老板"……有一次采访结束回家后，女儿看我在写新闻稿，她拿起一支铅笔，向我要了一张方格纸，也一本正经地写起"文章"来了。过后我发现，她在一张纸的三百个空格里画了三百个圈圈。这就是女儿的"处女作"。

女儿的"处女作"，当然没有价值，但她有兴趣"写"，倒是很有价值的。于是，我表扬她写得很好，鼓励她以后常写，又乘机向她"灌输"：这是你的第一篇文章。韵韵，写文章并不难，你现在不识字，只能写这种"圈圈"文，但是你长大识字了，就能写作，就能出书，就能成为名人。女儿甜甜地笑了，眼神里充满着期待和憧憬。

我家至今保留着女儿的"处女作"。长大后的女儿说，每每看到自己的"处女作"，就会忆起儿时的热望，鞭策自己多写，写出好东西来。

开水与水果

开水和水果都可以解渴。然而，两者相比各有优劣：开水比水果更能解渴，开水的价格比水果便宜；而水果的味道比开水好，水果的营养比开水高。因此，人们有时选择开水，有时选择水果。

女儿8岁的时候，我们在火车上遇到了一次人为断水的经历。列车广播里传来了甜美的声音："旅客同志们，从现在起，列车上不再供应开水，为了让大家解渴，我们为你们准备了各种水果，当售货员推车过来时，请你们任意选购。"我和女儿当即意识到，我们被剥夺了在水果和开水间选择的权利。尽管口渴的女儿更需要喝水，但眼下只能以水果聊解无水之渴。由此我想，选择的权利是和生活质量息息相关的。

我告诉女儿，在这个世界上，有许多事和人是无法选择的。比如，每个人都不能选择自己的种族、生身父母和出生年月；每个人都无法选择不吃任何东西而生存。这是受自然规律限制的缘故。可悲的是，人之不能选择似乎更多的是人为的。这里说的人为，一方面是受社会外在因素的限制，比如火车上人为断水。但另一方面，也有许多不能选择之事是受自身能力局限。比如，有些人想做白领但没有足够学历。

因此，我鼓励女儿要自强，让自己拥有更多的选择权。女儿深明此理，她努力学习，让自己随时可以选择在哪里生活；她努力多赚钱，以便让自己可以随时退休；诸如此类。

煮稀饭

我不大会做家务，从小和奶奶在一起，家务由奶奶做；后来和母亲在一起，家务由母亲做；再后来，结婚了，家务由妻子做。妻子不在家怎么办？我就过简单生活，一日三餐煮稀饭。稀饭煮得多了，掌握了门道，我煮的稀饭特别好吃——腻而不烂。

女儿起先跟外婆过，吃外婆煮的稀饭。外婆煮的稀饭不好吃——烂而不腻。女儿回家吃到我的稀饭，有了比较，知道我煮的稀饭好吃。再回到外婆家去的时候，她要求外婆煮和我煮的一样的稀饭，可外婆就是煮不出腻而不烂的稀饭来，还说，可能是烧了没有马上吃，这才烂而不腻的。女儿问我，怎么样才能在我不在家的时候吃到像我煮的一样的稀饭？我说："你知道我煮的稀饭好吃，这是知其然，光知其然是不够的，还要知其所以然。我的'所以然'是，煮稀饭，火力一定要旺，火力不仅煮沸前要旺，一直要旺到煮熟为止。外婆煮稀饭的问题在于，煮沸前火还旺，煮沸后，怕水溢出饭锅，便把火力调小了，这样就不是煮熟，而是'焐'熟，故而烂而不腻了。"

我同时还告诉女儿，学习和研究其他事物也是这样，不仅要知其然，还要知其所以然。只有这样，才能发现事物本身的规律，找到解决问题的办法。女儿开玩笑说："然也！"从此，不管碰上什么问题，她总会刨根问底，把"究竟"弄个明白。开始练习写作的时候，她老是"得""的""地"分不清，常常用错地方。后来，她找规律了，找"所以然"了。终于明白，原来动词后面用"得"，名词后面用"的"，状语后面用"地"。她再也不用错了。

穿补丁衣

　　十多年前，有人送我一件羊绒衣，草绿色的，薄薄的，穿着合身又舒服，我挺喜欢的。可因为其薄，加上长期伏案工作的缘故，两只手衬上磨出了洞。"新三年，旧三年，缝缝补补又三年"的现象，在如今的中国都市里，几近绝迹了。我该如何处置这件破羊绒衣呢？妻劝我买件新的取而代之，而我对这件衣服有感情，一来是朋友送的，其中有情谊，二来，衣服的款式、原料、颜色都中我的意。于是，我让妻用布料替我给这件羊绒衣打了两个补丁。

　　我穿着补丁衣的时候，女儿在寄宿学校读初中。一个周末，女儿放假回家，晚上我正好有个饭局，便把女儿带上一同赴宴。席间，我脱去外套，原先"躲"在里面的补丁衣就暴露了。众人看到了我衣服上鲜明的补丁，相同的反应是有点惊讶，惊讶之余，不同的人流露出不同的眼神。在一旁的女儿，观察众人和我的眼神，对我会心一笑。席后，她对我说："我看出来了，你不需要别人赞扬你朴素，也不在乎别人说你'老土'或'虚伪'，你在不影响别人的前提下，坚持实事求是，我行我素。"知父莫若女啊！

　　在穿衣问题上，我没有要求女儿像我一样，但受我的影响，女儿和我有异曲同工之处。十多岁时，她专到无锡振新路服装一条街去买便宜货，声称，超过 50 元的衣服，她就不要了。如今，她花钱买衣服不设最高限额了，但总爱买商场里的打折衣，也常去一家物美价廉的个体服装店。

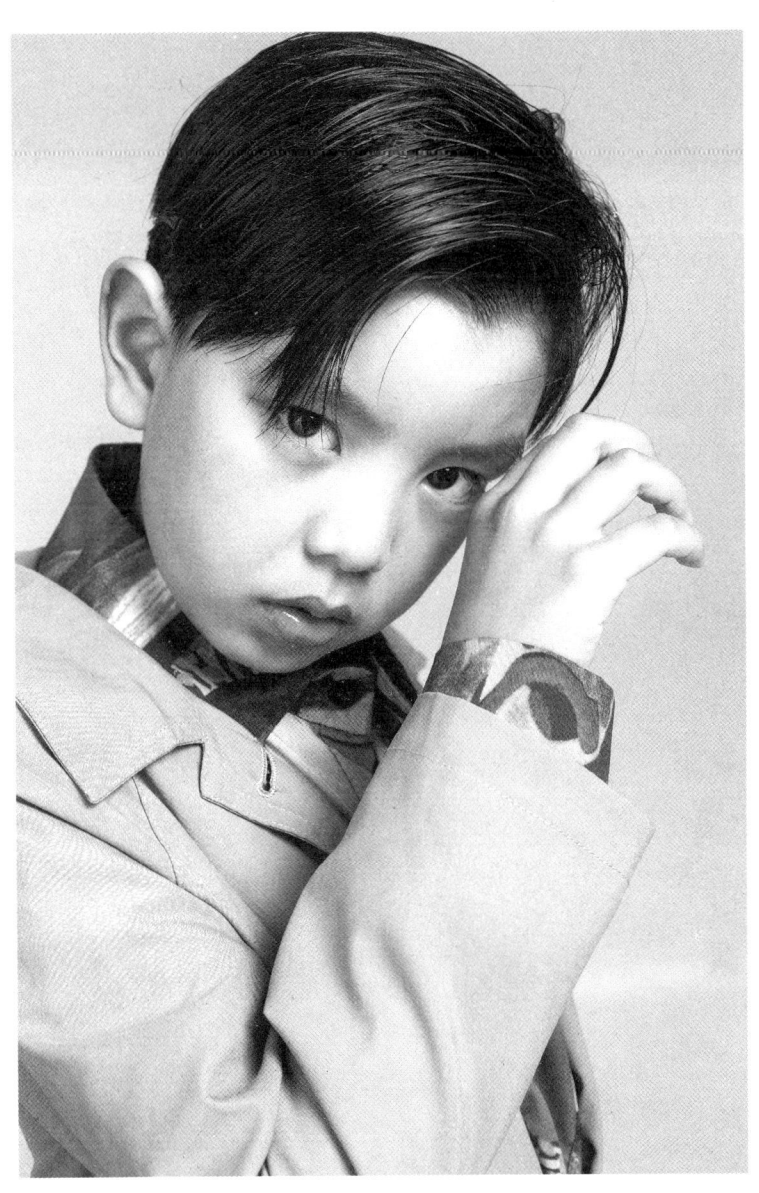

下篇　精养男孩

高韵洌和儿子唐境远

外公的话

高鸣：重要的是让孩子明理

美国哈佛大学有个女校长说，我们办大学的目的只有一个，就是让学生毕业以后知道谁在胡说八道。

我说，家庭教育的目的也只有一个，就是让孩子明理。

有人说："家是讲爱的地方，不是讲理的地方。"此话大错特错！讲爱和讲理应该是统一的，讲理是大爱，是爱的体现。

夫妻之间，父母和子女之间，都不讲理，有什么理由到社会上去讲理？难不成理是对付外人的武器？

我的观点是，对所有人都要讲理，如同法律面前人人平等一样，真理面前人人平等。

对孩子，尤其要讲理。讲明了，让其理解了，信奉了，身体力行了，他（她）会终身获益。

孩子成了明理的人，就会以理服人，以理行事。

这个社会明理的人多了，也就文明，也就进步，也就和谐美好，也就人间天堂了。

让孩子明理,首先要让其明大理。大理即是:自由、平等、公正、法治……

让孩子明理,小道理也不可忽视。比如谦让、宽容、乐于助人;比如礼貌待人,讲究卫生和仪表;比如爱护身体、乐观、有情趣……一个明理的孩子,道德水准也会高,如果加上有一点好的思想方法,有一点另类思维,有一点创新能力,十有八九会大有出息。

亲爱的家长朋友们:明理是最重要的,知道谁在胡说八道是最重要的。

妈妈的话

高韵冽：你好，境远兄！

有一次，学校老师通知，六一节唐境远和他的同学们即将迎来10岁成长礼。应出版社邀约，高老师那年推出家教新书，时间上是巧合，确也是阶段性成果汇报。一转眼，这个满月就坐着飞机从美国回来的小婴儿，已经长到一米五，头脑更是接近成人，被高老师称为"境远兄"——外公高老师与境远称兄道弟，且自称为弟。为此境远甚是得意——这让我对江湖称呼"大哥"一词有了正面理解，这实在是一个让人开心舒服的称谓。用在成人之间可以拉近关系、表达敬意，用在孩子身上，境远陡然间以成人的标准要求自己，既平等，又带一点点提前长大的优越感，甚好。

"境远兄"这个称呼，基本涵盖了高老师精养男孩的精髓。熟悉高老师的人都知道，高老师不以血缘亲疏、利害得失作为待人远近之标准，三观一致为首要，爱好习性次之。高老师经常说，血缘不能选择，朋友是自己选的，爱人也是自己选的，因此朋友、爱人应该高于血亲。因此，把孩子教育成自己的好朋友就是高老师的教育目标。境远天性与他相似，又甘愿受其影响，现在活脱脱长成一个小高鸣。

"境远兄"这个称呼，反映出大小高鸣的相处模式，生活上，不是大人照顾小孩——因为高老师自己像个小孩。他们一起把饼干和巧克力藏在床头柜半夜偷吃，一起打牌到深夜回家，一起欣赏评论美女。大小高鸣相处和谐，互相包容。有一次高老师送境远回家，放在楼下就走了，那天恰巧家里没人，据说境远独自坐在台阶上等了两个多小时。我以为他会抱怨或者委屈，结果他完全没事人一样。平时跟爷爷奶奶外婆其他家长在一起，晚几分钟，他就等不及了。我问境远："外公怎么不把你送上来呀？"他替高老师解释道："外公正好有事，以为家里有人，就先走了。"看，做孩子的朋友比做孩子的家长划算多了。

"境远兄"这个称呼，决定了高老师与境远的交流内容不同于普通家长与孩子。他们一起远足，一起看电影，一起参加朋友的聚会，他们甚至讨论中美关系、探讨形而上的哲学问题，唯独不谈作业、不谈升学——也不是完全不谈，高老师经常对境远说："这个作业做了也没啥意思，别做了。"

我们看到，现在学校的教育正在不断提高和优化，专家强调不能在智力发育上揠苗助长。措施相继出台：打击课外辅导、要求公民同招、提倡素质教育等都是朝着这个方向去。这些很对。但是我想说的是，智力上、学业上固然不能揠苗助长，心智、见识、胸怀、格局这些方面，不妨引导孩子提前长大。"境远兄"就是一个例子。高老师带着境远经常参加朋友的聚会，畅所欲言，从不避讳他是孩子。有一次境远听到旁边有人说，"那个女人很骚"，便问高老师，"骚"是什么意思？高老师随即回答，"骚"就是想法多，但这样评价别人是不礼貌的。我听到他们回来说起这个事情，一是觉得高老师颇有急智，二是觉得带孩子去如此成人化的场合似乎不太恰当，三又觉得其实也无妨。接触各个阶层的人只会让人更丰富，而不是变得粗俗，前提是有足够的判断力。

  10岁的唐境远学习成绩中上，热爱阅读，具有非凡的洞察力，更可贵的是善良，有悲悯心。对成人世界了然于胸的他，仍然保有天真和孩子气，时常见他将深刻的电影、连续剧和幼稚的动画片混着看，并且都看得津津有味，哈哈大笑。我很好奇他是如何在头脑里切换这两种欣赏模式的。

  不理解也没关系，他开心就好。

  感谢唐境远你来到我们的生活里，给我们增加了很多快乐和希望。跟着高老师对你说一句："你好，境远兄！"

相信自己，有苹果味的才是真苹果；没有苹果味的，哪怕貌似，哪怕权威认定，哪怕人人认可，也是假苹果一个！没有这点自信，做人也枉然，一头羊而已。

称兄道弟

我的外孙唐境远，现龄9岁。从他3岁那年起，我便称他为"境远兄"。

称"境远兄"，首先是我情感的需求。无疑，他是我血缘意义上的外孙，但内心深处，我更需要的是一个志同道合、情趣相投的好兄弟，于是，"境远兄"脱口而出，于是，约定成俗，外孙成了"境远兄"，我倒成了"高鸣弟"。

称"境远兄"，唐境远欣然接受。爸爸妈妈、爷爷奶奶、外婆，他按传统叫法，很自然，很亲切。我这个外公叫"哥哥"时，他格外开心，调皮的乐趣、自由的畅快，溢于言表。

"境远兄"善良又聪明，深得全家长辈的喜爱，他也深爱着长辈们。可他最喜欢和我这个"高鸣弟"在一起，多年来，他和我相处的时间最多。

与外孙称兄道弟，好处多多。一是可以增进彼此的感情，拉近彼此的距离。二是利于平等交流。家长是孩子的第一任老师，只有平等交流，孩子才有兴趣，交流才有好的效果。三是可以让孩子身心更加自由，而自由是培养创造性思维的前提。

这孩子思维活跃,家长这样评价他,熟人这样评价他,学校老师这样评价他。他自己说:"我之所以思维活跃,很大程度上,是因为外公跟我称兄道弟,最大限度地给我自由,让我在宽松的环境下'野蛮生长'。"

11年前,我写了本名叫《精养女儿实验报告》的书,书里的女儿正是唐境远的妈妈高韵洌。我让高韵洌从小叫我"高鸣",让外孙叫我"哥哥",用意是一样的,良好的效果也是一样的。

常听人说,孩子到了少年、青年,会进入叛逆期。在我的经验里,从小让孩子直呼家长名字、跟家长称兄道弟之类,让孩子与家长"平起平坐",就可以让他们在成长过程中逐渐消化"叛逆"的因素,从而没有叛逆期。

我的小助理

见唐境远跟我形影不离,有人问他:"为什么喜欢外公?"他略加思索,答:"因为外公给我自由、鼓励、帮助。"

上面的问答,发生在境远6岁时。如此低龄,如此回答,让提问者惊喜。自由、鼓励、帮助,这六个字说出了所有孩子的心声。

自由、鼓励、帮助,正是成年人,正是社会,正是学校,应该无条件地给予孩子们的。可喜的是,据悉,一所正在筹建中的国际学校已将"自由、鼓励、帮助"作为校训。

在给境远自由、鼓励、帮助的同时,我还有意识地让他多多帮助我。比如,从他3岁起,每次和他一起去饭店吃饭,我会让他去帮我买单。比如,他5岁起,会帮我加朋友微信。比如,乘地铁,我让他帮我买票。比如,我的手机出现小的故障,让他帮我"调正"。比如开车,他帮我导航。比如车停在大型停车场,他帮我记住停车位。比如去国外出海关，他帮我机器上操作办理出关手续。比如我遗失了东西，他帮我回忆并分析可能丢失的时间和地点……不胜枚举。

算起来，我这个外孙——境远兄，充当我的小助理，在生活中帮助我，已有多个年头了。在使用电子产品方面，还是我的老师呢。孔子说："三人行，必有我师。"其实应该是，两人行，必有我师。我和小外孙，就是互为老师嘛。

让境远成为我的生活小助理，我和他是双赢的。对我来说，有了他的帮助，让我的生活变得更加方便和轻松，提高了幸福指数。对他来说，在生活中得到了锻炼和学习，增强了责任心和自信。

助人从娃娃开始。好的开始，利于整个成长过程。但愿境远兄，长大后对社会有所帮助！

境远说，他厌学

唐境远几次三番对我说，他厌学，心里难受。

他是个好学的孩子，入学前就从电视里识字无数，可以轻松阅读文字书，读的课外书数以百计。

显然，唐境远厌恶的不是读书，不是学习，而是学校，而是某些老师。他说："学校的课本太无趣了，布置的作业太多了，有的老师太凶了，不仅不鼓励我们，还常常骂我们。"

唐境远说："同学中厌学的挺多的，学习成绩一般的厌学，学习成绩优秀的也厌学。"

听了境远一番厌学的话，我跟他一样，心里难受。我对他说："面对僵化的分数教育，面对无数的标准答案，你讨厌，这就对了，说明你没有被错误的东西同化。"

同时，我告诉他，别忧郁，要调节好心情，要保持乐观。乐观的理由有许多：学校学习环境不好，我们还可以课外学习，去读好多有价值的书。你的爸爸妈妈、爷爷奶奶、外公外婆，都是开明的，不是学校分数教育的帮凶，支持你多读课外书。另外，社会上已有许多有识之士反对现行不合理的教育模式，可恶的分数教育不会长久存在下去的。

听了我的话，境远释然了许多。

一个学校让好多学生厌学，证明了这个学校有天大的问题，证明了这个学校不够格，证明了这个学校不是在培养人才，而是在破坏学生的学习兴趣，摧残学生的心灵。

有一次，唐境远自言自语："学校应该是学习快乐的地方、师生互尊互爱的地方、思想自由的地方。理想的学校是学生的天堂，而非厌学的地狱。"

参议"家政"

大多数家庭，家长不让小孩关心"家政"，会说："大人的事小孩别管。"

我们家反而是鼓励和欢迎小孩对家里的事"参政议政"的。

有一次，保姆提出，由于自己家事的原因，不能每天来上班了，只能改成一天隔一天上班。为此，我家需要拿出对策，是同意保姆的要求继续留用，还是换个保姆？若留用，工资按原标准发，还是减半？唐境远积极参加了这个家庭会议，且抢着发言。他主张：一是继续留用；二是工资不减。留用的理由是，这个保姆人品好，且能干。不减工资的理由是，无锡保姆本身的工资标准就不高，只有温哥华保姆的几分之一（他了解温哥华保姆的工资水准），再减，就太低了。

境远的观点说服了我们，境远的善良感动了我们，我们采纳了他的意见。

还有一次，我家办的广告公司招聘业务员，唐境远参与了面试。有一个男青年，没说几句话，就被境远否了。他把我拉到旁边，说出了他的见解。第一，这个青年来应聘工作，还要父母陪同，说明他太弱。第二，他一见面，先拿出大学文凭，说明他太在乎虚的东西了，还真以为文凭就是水平。第三，他口口声声你们公司你们公司，没有主人翁态度。第四，他不问公司对他有什么要求，而一个劲地问工资多少、每周休几天、加班费怎么算，所以，此人不用为宜。

境远的想法，跟我不谋而合。

让小孩参与"家政"，是一种别样的锻炼，对其成长、对其成年后的工作和事业都是有益的。

境远的公平观

公平，是我们家的核心价值观之一。公平，公平，境远在家里听得多了，形成了自己的公平观。

且听两个小故事：

故事一：境远4岁时，个把月没见到我的他约我在恒隆广场见面。他在30米外见到我，欣喜无比，一边喊着"外公外公"，一边奔跑过来。我则在原地张开双臂迎接他。可当我抱上他时，他却开心消失，代之的是一脸委屈。问其故，答曰："我跑向你，你也应该跑向我，让我们在中途相抱，而你站在原地不动，全靠我冲过来，这样不公平！因为不公平，所以我心里不舒服。"

故事二：另有一次，境远和外婆一起逛商场，见外婆自己买了两件衣服；他自己挑了一本图文并茂的儿童书，又挑了一个智力玩具。外婆替他付了书款，拒绝他买下玩具。这让他不高兴了，脱口而出："为什么大人买东西可以随心所欲，不要经过我同意，而我买东西，自己做不了主，非要大人批准？这很不公平！"

外婆说："因为大人花的是自己挣的钱，而小孩没有自己的钱，所以没有花钱自主权。"

唐境远嘴里依然在说："不公平不公平。"但表情里若有所思，大约在品味花钱与挣钱、花自己的钱还是花别人的钱与公平的关系了。

足球从娃娃抓起，讲公平也得从娃娃抓起。

周末生活

在分数教育的大环境下，我们家千方百计为唐境远创造宽松的小环境。除了不要求他考高分，课外不去补习班，还让他的周末生活过得丰富而快乐。

周六、周日两天，我家让境远丢弃书包，远离教科书，身心放松。

境远的周末如何度过？大体是四项内容：一是自由阅读课外书，有时在新华书店，有时在图书馆，有时在家里的书房；二是玩乐，玩玩具、看风景、去游乐场、跟小伙伴聚会；三是锻炼身体，游泳、散步、爬山；四是参加家长的社交活动，关心社会事务。

什么学钢琴、学绘画、练武术之类，他一概不感兴趣，我们家长也不去引导他。我们重点关注的,是他的价值观、良知、常识、健康和特长的发挥。

周末,境远喜欢和我一起欢度。近年来,他已经融入了我的社交圈,对我们的话题感兴趣,并踊跃发言。我那些志同道合的朋友们,都非常喜欢他,有叫他小唐先生的,有叫他小唐同学的,有叫他正义小战士的,也有称他小总统的。

境远利用周末早早走进成人社会,有百利而无一弊。

苏格拉底的假苹果

一天,我给境远写了一封信。全文如下:

境远兄:

今日去信,不说别的,单说苏格拉底的假苹果,期望给你启发。

我们知道,假苹果是没有苹果味的。这是常识。可当苏格拉底拿了一只貌似真苹果的假苹果,问他的众多学生,有没有闻到苹果味时,先有两个学生答闻到了,其他同学沉默。苏格拉底继续一个一个问学生,闻到苹果味了吗?结果所有学生回答:"闻到苹果味了。"

这个故事告诉我们,不仅是东方人,西方人也一样,绝大多数人是宁愿相信别人,也不相信自己。

明明假苹果没有苹果味,怎么回答闻到苹果味了呢?因为相信别人,尤其是当这个"别人",是有学问的人,是老师,是学术权威,或是领导什么的。苏格拉底是当时世界顶级的思想家,所以他一忽悠,大家都信了。

开始还有人沉默,当看到别人都在说闻到苹果味时,后面的人更不相信自己的直觉和判断,以大众的判断为判断。

动物学家研究发现,哺乳动物有个习性,就是随大流,跟着领头的跑,典型的是羊。人作为哺乳动物的一种,身上或多或少也有这种毛病。

没有质疑,就容易上当受骗。有的商人为了把滞销的商品卖出去,找来一些托,有人就以为,"这么多人在买,一定不错"。结果中计。有些品牌让明星代言,就冒充产品质量好,许多消费者还真吃这一套。

没有质疑,便没有自己。权威不可靠,名人不可靠……深入思考,相信自己。

相信自己,有苹果味的才是真苹果;没有苹果味的,哪怕貌似,哪怕权威认定,哪怕人人认可,也是假苹果一个!没有这点自信,做人也枉然,一头羊而已。

2000年前的西方哲人苏格拉底,用心良苦,用一个假苹果教育我们,启示我们。我们应当感恩他!

话说坚持

常有人说:"坚持就是胜利。"

我觉得,有些事,坚持未必有好的结果。坚持就是胜利,是要有条件的,至少要具备三条。一是方向正确。假如目的地是上海,从无锡出发,你往南京走,方向错了,越坚持走下去离目标越远。二是逐步缩短与目标的距离。假如你是在原地踏步,坚持一百年也到不了目的地。三是所做之事得有价值。没价值的事干成了也无意义,干吗要坚持呢?

好多年前,我有个朋友开了一家快餐店,经营了一个月就不干了，投资加经营亏损 90 多万元。有人批评说，这个老板缺乏企业家精神，遇挫折就退，不懂坚持就是胜利的道理。批评者不知道，我那朋友的不坚持是有充分理由的，是明智的。真实情况是，这个快餐店生意大好，可天天客满也无法盈利，因为店面太小了，营业收入小于开支。在此情形下，越坚持越亏损，只有放弃，才能止损。

放弃了快餐店后，我的这个朋友转而开了家酒吧，迅速盈利。坚持开了 20 多年，成了亿万富翁。

周恩来有句名言，叫作"途穷了，终须改换方向"。换方向，就是不坚持走老路，另觅出路。坚持，不是一个褒义词，而是一个中性词。因此，不该不分青红皂白提倡坚持，而应先弄清楚事情的性质，办事方法对否，以及坚持了成功的可能性。

我对境远话说坚持；境远说，今天上了一堂"坚持"课。

我的建议

人长大以后，总是要工作的，或去就业，或去创业，或做一个自由职业者。

人各有志，人各有所长。唐境远成年后做什么，应该由他自己选择，我无意也无权为他做主。但是，如果他想听取我的意见，我会给他建议。

我的建议是：做个自由职业者，或者创业，别去别人那里找工作。

理由是：第一，他是一个自由意志、独立思考能力特强的人，不太适合听人指挥，按别人的战略和战术去办事，而自己与生俱来的优势，正好适合单干，或带领众人一起干；第二，降低失业率是全球的问题，自己单干或创业，可以给别人多一点就业的机会；第三，自己干，尽管风险大一点，但更能成就自己，活得精彩。

我希望境远学习韩寒和比尔·盖茨。韩寒是自由职业者的模范，他高中毕业后没上大学，也没去别的地方就业，靠写作为生，成就非凡。

比尔·盖茨是创业的典范，他大学未毕业就迫不及待去创业，为许许多多人创造了就业机会，自己成了世界首富。

我无意让境远成为名作家和大富豪，只是希望走他们的路：自谋职业或创业。

境远认真地对我说，以后做什么，他还不知道，但可以肯定的是，不会去给别人工作，与别的求职者争饭碗。

失败是我的错

唐境远要我送他一句座右铭，我想了几天，给了他这么一句："成功是机遇，失败是我的错。"

此话不是我的发明，是思想家梁漱溟说的。好多年前读到这句话时，震撼了我，教育了我。下半句"失败是我的错"，我更加欣赏。

"成功是机遇"，可以告诫自己，成功了别骄傲，别飘飘然，尽管自己战略战术对头，但离不开机遇。不要以为，今天成功了，必定明天也成功，明天天时、地利、人和变了，机会变了，成功不成功就是未知数。

"失败是我的错"，可以提醒自己，失败了，别怨天尤人，别推给客观，一定是主观上出了问题，或决策错了，或用错人了，或未预料到一些不利因素，等等。

生活中许多人，成功了，好大喜功；失败了，推卸责任，与己无关。这样的人，成得了一时，成不了长久，他先前的成功，会是失败之母，他先前的失败，会重复。

听梁漱溟的话，视"成功是机遇，失败是我的错"为座右铭，就会从一个成功走向另一个成功，就会从失败中吸取教训，不犯重复错误。我让一位书法家写了"成功是机遇，失败是我的错"的条幅，郑重其事地送给了境远。

亲密关系

垃圾有两种：一种叫可回收，一种不可回收。

我对境远说，人际关系也有两种：一种叫作亲密关系，一种叫作非亲密关系。

人类社会，古今中外，对人际关系的划分五花八门：夫妻关系、父子关系、兄妹关系、祖孙关系、同学关系、战友关系、邻里关系、同乡关系、同国关系、同民族关系等，不胜枚举。

上述人际关系，除了夫妻关系，均是客观因素造就，几乎无主观能动性，也就是说，不是我们有意选择的。

不是选择的，就有"拉郎配"的味道，感情就不可靠，所以常见父子不和、兄弟不睦、邻里吵架、同事倾轧、同学视为陌路之类。

亲密关系则好。亲密关系或因志同道合，或因趣味相投。亲密关系不是由于客观原因，全凭自由选择。可选亲人，选同学，选邻居，选同国同种，也可选原先毫不相关的人，只要合得来就行。

以亲密关系非亲密关系定人际关系，可以轻血缘等种种客观造成的因素，重同志同道同趣同心，进而重是非，重公正，重真理。

把人际关系定义为亲密关系和非亲密关系，是一种可贵的现代意识，是一种进步，是一种超越，是一种革命，是一种解放。

听完我的"亲密关系"之说，境远说："高先生是个革命者。我和你，既是祖孙关系，又是兄弟关系，还是亲密关系。好在你的亲密关系理论，并不排斥其他人际关系，所有人际关系并不矛盾。"

看来，不管境远赞不赞成我把人际关系简单地分为亲密关系和非亲密关系，他是理解我的意思的。

知足者苦

常有人说，知足常乐。我以为，知足者苦。

我生怕境远中"知足常乐"的毒，给他讲了一个老同学讲的自己的故事：

我从小在家接受了知足常乐的教育，长大以后发现社会上持知足常乐观点的人也挺多的，好像佛教也提倡知足常乐，于是我信以为真，时时处处提醒自己对现状要知足，认定只有这样才能常乐。可是我从少年到现在接近老年，几十年过去了，知足倒是坚守的，可常乐就是不来，所以我现在怀疑知足常乐这个说法了。

20岁那年，高中毕业的我遇上了恢复高考的大好机遇，本来我可以去参加高考，争取做个大学生的，可知足常乐的念头让我止步了，想想父辈都是小学生，自己已是高中生，知足常乐吧，于是放弃了高考。

1992年，邓小平南方谈话后，一流人才纷纷下海经商。当时也有几个朋友邀我一起创业，我也心动过，可最后还是知足常乐占了上风，没有行动。

早年没上大学，使我没机会找到更好的工作，至今还在一家劳动环境很差的企业当操作工。后来没下海经商，使我失去了富起来的可能性。现在想想，知足常乐的想法如鸦片，是麻痹人的意志的。我的经历证明，知足了，无追求了，不努力了，就会不足，不足就离快乐远，跟苦难近。

我现在明白了，尽管奋斗是要吃苦的，但苦中有乐，有美好的前途和未来。平庸的人同样注定要吃平庸的苦，而且此种苦里没尽头，没甜头，没希望！

读书是进步的阶梯，不知足也是进步的阶梯！

听完故事，境远说，鲁迅笔下的那个阿Q，好像也是个知足常乐者。

说宠道爱

讲个故事给境远听：

她指着河里一条鱼，说："我要吃它。"他跳下河抓鱼，鱼未抓到，却完成了宠。

境远说："我不要这样的宠，这样的宠对被宠者没有意义。"
我说："是的，爱大于宠。假如是爱，他应该告诉她，吃鱼不必去河里抓，让鱼在河里自由而安全地活着吧；吃鱼，可以去饭店，或者去菜场买，反正那里的鱼死定了。再说了，去河里抓，难度很大，几乎不可能有功劳，有的只是苦劳，有的只是宠的态度，还有虚伪的嫌疑,没有从被宠者的根本利益出发。"

我接着对境远说:"你可以接受别人对你的爱,但不要被宠。要求被宠,十有八九是撒娇,甚至是无理取闹;你是男孩,尤其不可以。倘是女孩,喜欢被宠,只要适度,无伤大雅。"

我还对境远说:"长大以后,你有了女朋友,对她应该大爱小宠。爱,是给她实利;宠,是予她情调。"

境远童年老成,居然说出如此之话:"大家闺秀求的是爱,小家碧玉要的是宠。我会娶大家闺秀为妻。"

后生可畏!

说"谢谢"

我是个说"谢谢"频率高的人,乘出租车下车时,我会对司机说"谢谢";去茶室,服务员端来茶水时,我会说"谢谢";理发师替我剪完发,我会说"谢谢";做完足疗,我会对技师说"谢谢";有时别人谢我,我还会说"谢谢你的谢谢"。

我说"谢谢",别人高兴;别人谢我,我快乐。

"谢谢"是情商的一种体现。

培养唐境远的情商,我从让其习惯说"谢谢"开始。

我告诉境远,谢是礼貌,谢是感恩,谢是功能。说"谢谢"不是虚伪,是由衷的。不能因为付了钱,买了服务,便以为享受别人的服务理所当然,两清了,不欠情。

"谢谢"带来和谐。谢谢是尊重对方、认可对方,表明合作愉快。轻轻的一声"谢谢",可以愉悦同类,何乐而不为!

多说"谢谢",还是与人为善、绅士风度。

我发现,"谢谢"说得多的人,通常是开朗的人,是严以律己、宽以待人的人,是人际关系不差的人。这样的人,往往也是事业成功的人。

末了,我对境远说:"谢谢你成为我的外孙,谢谢你跟我称兄道弟!"

境远接着说:"谢谢你这个外公,不以长辈自居,做我良师益友好兄弟!"

孩童是一面镜子，可以照见成年人的某些不堪。孩童值得成年人好好学习。

做妹妹的好榜样

唐境远不是独生子女，他有两个妹妹呢。

家长对子女有榜样作用，同样，哥哥的言行，对弟弟妹妹也会有或多或少的影响。

我们要求境远做好自己，成为两个妹妹的表率。境远自己说："那我就在三个方面带好头吧，一是学习，二是谦让，三是敬老。"

境远所说的学习，不是指去学校拿高分，而是好学，多读课外书，且读而思。且在生活中做有心人，不放过种种学习的机会。

境远说到做到，常常在利益上谦让两个妹妹。有一次，他在我的书桌上看见两粒巧克力，拿了居然自己没吃，分别给了大妹妹和小妹妹各一粒。感动之余，我特意去商场买了一包巧克力奖励他，结果他分了一半给我这个他所谓的"哥哥"，另一半一分为三，兄妹仨平分了。

境远敬老，也是落实在行动上的。他的太公太婆都九十高龄了，外出要坐轮椅，只要境远在，他总是争着推轮椅，乐此不疲。

榜样的力量是无穷的。境远的两个妹妹有样学样，在学习、谦让、敬老三个方面，均表现良好。

家里的"洗碗工"

让孩子从小做一些力所能及的家务，是我们家的传统。听我爷爷说，他9岁的时候就在船上做饭给5个成年人吃。听我母亲说，她10岁起负责家里打扫卫生。

我小时候，妈妈常让我做两种家务：一是洗衣服，二是去河里挑水回来（那个年代农村没有自来水）。

女儿的童年，我家常安排她去附近超市购物，去家里开的电影院当营业员。

轮到唐境远了。他除了常常用吸尘器扫地，推坐在轮椅上的太公太婆，干得最多的是洗碗。三年前，境远和我、他外婆、他妈及他的两个妹妹，我们六个人在加拿大温哥华生活了一段时间。我们没请保姆，家务分着干。境远分到的家务是洗一日三餐的碗。他系着围裙，干得一本正经，生怕洗不干净，还一而再再而三反复洗——干得漂亮！

回国后，他也习惯成自然，常常担起洗碗的家务活。

从小做家务，我有体会：一是可以体验家长的不易；二是可以培养劳动的习惯；三是可以分担长辈的辛苦。

对于境远来说，从小做家务，是有得益的：他每次洗碗，家长不仅给予精神鼓励，还有物质奖励。在温哥华，每次奖1加元；在国内，每次奖人民币5元。这样，境远不仅感觉做家务光荣，而且尝到了劳动创造财富的快乐。有了洗碗赚到的零花钱，他可以自由自在地购书，买巧克力、冰淇淋。

和老师的相处之道

如何与人相处，对于每一个人都是重大课题。小孩比较简单，仅需跟家长、兄弟姐妹相处。上了学就不一样，不仅要跟同学相处，还得跟家长以外的成年人——老师相处。

如何与老师相处？我给了唐境远几条建议，供他参考。

一条是，对老师要尊重。不管这个老师人品怎样，水平如何？对其起码的尊重是要的，因为他或她，多多少少会传授你一些有用的知识。

一条是，你跟老师是平等的，不存在老师高你一等，你别矮化自己。

一条是，老师不是权威，更不是真理的化身，对老师的话要质疑，觉得老师错了，要提出来，要敢于批评。

一条是，与老师的矛盾是人民内部矛盾，不是敌我矛盾，所以别有对立情绪，还是要友好。

对我的上述建议，境远理论上是接受的，但在行动上打了一点折扣。比如，他做到了对老师的话没有不加质疑地全盘接受，但当老师明显犯错——用比较难听的话批评同学们学习成绩、课堂纪律差的时候，只是心里明白，没有敢于批评老师。

买书成瘾

现实中，好多人玩手机成瘾，好多家长送小孩上补习班成瘾。唐境远倒好，他买书成瘾。

上小学以前，他三天两头拉着我去新华书店买书。进入小学以后，每到周末必让我陪同去新华书店。每次，他会在现场迅速地翻阅两本,然后再另选两本买下。书店一些工作人员都熟悉他了,有人问他:"又来啦,买这么多,读得完吗?"

我自认,在培养境远读课外书的兴趣上,我是有所作为的。和他相处的时光中,他多有机会见我在看书或写书,这对他可能有感染、有潜移默化的作用。幼儿时,每当他要我讲故事时,我会手拿着书跟他讲(哪怕故事不在书中),让他觉得书中自有趣,书中自有知识,产生对书的感情。近些年,我常有新书发布及签名售书活动,每每我都会带着境远同去,让他身临其境,与书同乐。再加上,境远的妈妈也是喜欢阅读且写书的,同样对他有所影响。

在我的住处,无论是卧室、书房,还是客厅、厨房,甚至卫生间,随处可见境远阅读的书,诸如《成语漫画》《恐龙漫画》《科学漫画》《人体漫画》《百问百答》《十万个为什么》《哲理故事》《名人名言》《红楼梦》《三国演义》《水浒传》……近几年来,境远购书、读书已有数百本之多,成了书迷。

读书,就是跟作者交流。小小境远读书数百,便是跟大量有识之士交流学习,得益匪浅是确定无疑的。

鼓励提问

在以色列,小学生放学回家,好多妈妈通常不问老师今天教了什么,而会问,你今天向老师提问了什么。

南京大学一位教授曾对我说,据他几十年的观察,毕业以后有所作为的学生,往往不是在校时考试成绩好的,而是会提问的,问题多多的,寻根问底的,会为了一个问题的答案与人争辩的。

笔者孩提时,父母忙于工作,没时间陪伴,于是一个人在家胡思乱想,想入非非,脑子里出现无数个稀奇古怪的问题。待到父亲有空时，连珠炮似的向他提问。好在父亲耐心好，并不厌烦，一一作答。父亲戏称我是"十万个为什么"。

为什么？为什么？尽管许多"为什么"没有提问的价值，但却活跃了思维，打破了思维定式。

唐境远似乎天生就是脑子里问题多多的，且缠着我每问必答。为了回答他无休止的问题，耗费了我许多时间和精力，但我还是表扬他勤于思考，鼓励他打破框框、超越常规、大胆设想，凡事问个为什么。

为什么鱼在水里不会淹死？为什么人不能装一双鸟一样的翅膀飞上天？为什么汽车不能像青蛙一样跳跃？为什么不让房子转起来，解决朝北不见阳的问题？为什么同样一个人，价值观会不一样？为什么有些人只关心自己的衣食住行，而另一些人关心国运，关注世界大事，关注人类命运？……

唐境远的问题真多、真大。在问我的同时，他也在认真思考，自问自答吧。

出钱当股东

有句话，叫作"足球要从娃娃抓起"。其实，要从娃娃抓起的事多着呢。比如创业，也要从娃娃抓起。

我是寄希望于境远日后成为企业家的，鼓励他从小立志创业。

我正在与耘林生命公寓合作，筹备一个专为离异人士打造的回归俱乐部（又名离婚俱乐部）。此俱乐部设置在一家多功能咖啡店内，除了品茶、喝咖啡，还有舞可跳，有电影可看，有讲座可听，有心理、法律咨询，有朋友、恋人可找，有"对象"可处……

我建议境远用他的一万元零花钱入股回归俱乐部，占股百分之一（从我的股份中分给他）。

经过一周深思熟虑，境远做出了入股的决策。

出钱入了股，他就有了创业的感觉，也有了创业的责任。短短十天内，他为俱乐部做了两件有价值的事。一件事：效果图上，原俱乐部的背景是粉色的。境远提出反对意见，他说，粉色，太女性化，回归俱乐部为离婚男女服务，色彩中性为好。他的建议被采纳了。另一件事：在他游说下，一个离了婚的校友叔叔入会了。

境远说，平时放学后，周末，暑假寒假，他会常去回归俱乐部，和会员们交流交流，为自己的企业做点贡献。

向伊森学习

唐境远喜欢听我讲故事，我也乐意讲，我觉得这是传播正确价值观的机会。

有一次，我跟他讲了个伊森的故事。

故事发生在美国影片《一条狗的使命》里。《一条狗的使命》感动了许多人，我也被感动了。许多人是感动于那条叫作贝利的狗，而感动我的，不是"贝利"，是伊森。

在伊森还是个小男孩的时候，他救了贝利的命。

有一天，伊森和妈妈走在马路上，听到一辆小车里有条狗在哀号。走近一看，发现小狗因车里缺氧而奄奄一息，濒临死亡。情急之下，伊森用坚物砸碎车玻璃，救出小狗，取名"贝利"。

为了救小狗的命，不惜砸破别人的车玻璃，这是一种决断。伊森的决断触动了我。我扪心自问，假如遇见小狗在别人的车里因缺氧濒临死亡，我会怎么样？我会有点怜悯，但不会采取行动。

我问周边的人："你会怎么样？"有人答："关我什么事？"有人答："我会报警，至于警察会不会来，或者来晚了没救活小狗，就不是我的事了。"有人答："我会在车旁大叫几声：'谁的车啊，车里的狗快死了！'"没有一个人说，他会砸了车玻璃，救狗于死亡边缘。

也就是说，成年人不如一个孩童救狗心切。没有伊森，贝利死定了。

讲完故事，我对境远说，伊森的决断是对的，因为生命（尽管是狗）的价值大于车窗玻璃。孩童单纯，不世故，凭良心做事，不计较自己的利害得失。而我们成年人，或有点冷漠，不把一条狗的生命放在心上；或顾虑太多，怕承担砸碎别人车玻璃的经济损失和法律责任。

我说，伊森的故事给我们启迪，孩童是一面镜子，可以照见成年人的某些不堪。孩童值得成年人好好学习。孩童比成年人善良，所谓人之初，性本善。孩童同情弱者，不势利，不以高级动物自居，不轻视狗猫之类的低级动物，而把爱心撒向一切生命。随着时间的推移，人的年龄会长上去，但孩童般善良的心、众生平等的心，切不可随时间老去，死去。

末了，我问境远："听了伊森的故事，你有什么想法？"

境远沉思良久，说出一句话："人，要拿出勇气，去做正确的事。"

欣慰！我的故事没有白讲。

重视沟通

社会，是人的社会。在社会中，人与人之间的沟通，是头等大事，关乎人际关系，关乎做成事情。

可学校里，似乎不教沟通的学问。让孩子从小重视沟通、学会沟通的重任，压在了家长的肩上。

三年前一个夏天的早晨，大雨倾盆，我开着车，境远在我身边。路途中，有段路严重积水，车过时半个轮胎淹在水中，水花飞溅。

"这段路又不是特别低洼，为什么会积水呢？"境远问。

"是这里的窨井盖堵了，水流不下去。"我答。

我觉得此时此刻正是给境远讲述沟通重要性的好时机。

我对境远说："窨井盖堵了不沟通，水流就受阻；同样道理，人与人之间不沟通，也会出问题。什么是沟通？沟通是有了误会及时说明，有了意见直接提出，有了矛盾互相认错。没有沟通，人和人之间就会有隔阂，心和心之间就会有距离。两个人之间，没有沟通就没有联系，没有联系就没有感情……"

关于沟通，我一下子说了好多。境远一言不发，听得认真。

在往后的日子里，我发现，他不仅增进了跟我的沟通，还增进了与爸爸妈妈、爷爷奶奶、外婆以及其他身边人的沟通。

有一次，他跟外婆闹了一点小误会，当时彼此不愉快。过了一会，他主动找外婆沟通，承认自己不对的地方，让外婆别生气。外婆开心地笑了，说自己刚才态度不好，也有错。

沟通，使一场误会冰释。从中，境远尝到了沟通的美妙。

别喝心灵鸡汤

有一次,我和唐境远一起去恒隆一家饭店吃午饭,点了一道菜——鸡汤百叶。鸡汤味道不错,境远喝了又喝。

喝着鸡汤,我突然想到心灵鸡汤。我深知心灵鸡汤是毒药,害人不浅。借着喝鸡汤的当口,我提醒境远别喝心灵鸡汤,以免中毒。

境远不明白,什么叫心灵鸡汤,哪些话属于心灵鸡汤,心灵鸡汤毒在哪里。

我一一告知:心灵鸡汤听起来温柔,但无实际意义,不可操作;似是而非,缺乏逻辑;只找自身原因,不追社会根源。出名的心灵鸡汤有"心态好,什么都好""名利金钱不重要,轻松快乐最重要"。心态好,真的什么都好吗?胡说八道!名利金钱和轻松快乐对立吗?什么逻辑!心灵鸡汤毒在哪里?麻痹人的意志,让人陶醉在幻想中,不思进取,不去解决实际问题。失败了,自我安慰,不反思,不寻求新的出路,最后泡死在鸡汤里。

境远兄悟性真好,听了我的表述,他总结说:"我明白了,心灵鸡汤就是美丽的谎言,美言不真,空洞无物,脱离实际,忽悠人的。信了,就被带到沟里去了!"

9岁的境远好成熟,像是儿童和成年人的结合体。

我放心了,境远有免疫力,心灵鸡汤再毒,毒不到他。

善待异见

一个人,无论你持什么观点,总会遇到异见,无可避免,也无须避免。面对异见,持什么态度,可以考量一个人的水准。

我是寄希望唐境远日后能做点大事的,而做大事者,善待异见显得尤为重要。为了让他从小在心里种下善待异见的种子，我跟他讲了著名红学家冯其庸的一件往事。

冯其庸是无锡前洲人，20世纪80年代回家乡做演讲时，说了这样一件事：他的《曹雪芹家史新考》发表后，收到几十封认为这篇文章有错误的来信。为了让读者从比较中得到鉴别，他将这些信汇集成册出版。

我对境远说，从中，我们可以看到冯其庸的雅量：他有科学态度，不把自己的研究成果看成百分之百正确，乐于公布不同的意见，让大家来检验；他不摆专家的架子，在史实面前同别人平等探讨；他以学术为重，不怕自己的意见遭批评，不怕"出洋相"。

一个人要进步，要不断完善自己，除了依靠读书、实践和思考，其实是离不开从异见中获取营养的。有的异见可以给自己启发，有的异见可以直接纠正自己的谬误。当然，有的异见大错特错，即便如此，也可帮助我们了解"居然有人这么想"。

听完我的唠叨，境远表态：我可不会"赞扬声声声入耳，批评声声声刺耳"。我会听赞扬，权当鼓励；闻异见，细加研究。

无事生是

假日里，我和境远在一起无事，还有点无聊。

他在我手机上打出"无事"两字，立即跳出"生非"两字，而且是唯一的。

境远开玩笑说："不好了，我们现在无事，接下来恐要生非了。"

我说:"在这个世界上,无论古今,不论中外,无事与生非之间肯定有联系,不然,不会有无事生非这个成语。可有联系不等于有必然联系。"

无事,可以读书。读书,不是学生的专利,读书是一辈子不可或缺的。无事的时候读读书,尤其是读一些文史哲的好书,不仅可以解无聊,有趣快乐,还能知天下事、明天下理,让自己走向完善。

无事,可以思考。思考,既可以吸取教训,也可以总结经验。思考,还可以创造发明。无论是自然科学家,还是社会科学家,他们的成果无一例外是思考的产物。

无事,可以散步。散步,是最好的健身运动,还利于思维,还令人愉悦。

无事,还可以恋爱,可以交友。

无事,如果你还懒惰,懒得读书,懒得思考,甚至懒得走路,或者没心情恋爱和交友,那就仰望天空发发呆吧。仰望天空发发呆也是一种心理调节,对健康有些许好处。

远离无事生非,选择无事生是。

境远说:"无事找高鸣兄聊聊,得些教诲,也是'无事生是'。"

境远兄学会拍马屁了。

经得起批评

每个人的一生中,会得到外界的表扬,也会受到别人的批评。

所谓要经得起表扬,就是要把对方的表扬当作鼓励和支持,不能在表扬声中飘飘然、骄傲自大,忘了自己有几斤几两。要有自知之明,了解自己的不足所在。

所谓经得起批评,就是不可对批评者产生对立情绪,有则改之,无则加勉。既要吸收批评的有益部分,又不要垂头丧气、一蹶不振,对自己全盘否定。对待批评,只看内容,不去计较批评者的态度。

据观察,唐境远在表扬声中没什么问题,他不会因此自高自大、忘乎所以。而对待批评,他有点经不起,会不快。尤其是当批评者态度不温和时,他会反感,产生逆反心理,于是对抗。

我多次语重心长地对境远说,经得起批评和经得起表扬同样重要!别人的批评,利于自己反思,利于发觉自身的不足和毛病,利于不犯重复错误。人犯错总是难免的,不可怕;可怕的是,有错不知,有错不改,一条道走到黑。别人的批评、自我批评,对自己是提醒,是醒悟的开始,是走向成熟和完美。

几天前,为一点小错,境远妈批评他。我在旁发现,他情绪稳定多了,脸色不难看了,不时点点头。看来,我对境远关于"经得起批评"的教育,有效果了。

> 经验不可全信，概念不可全信，权威不可全信，大多数不可全信。

四个不可全信

我妈学历低，仅读了小学三年，但她勤于独立思考，所以照样做文字工作（领导秘书），照样写书。她给我留下了宝贵的思想遗产，其中包括"四个不可全信"。

她说："经验不可全信，概念不可全信，权威不可全信，大多数不可全信。"

小时候，我对妈说的"四个不可全信"不甚理解，长大了，经过几十年的实践，我比较深刻地领会了，也确认了她是一个了不起的思想者。

好东西是该传承的，先前，我常对女儿讲"四个不可全信"，现在，又把"四个不可全信"的道理说给外孙境远听。

境远尚年幼，怕他跟我小时候一样，对"四个不信"不甚了了，我用举例子、摆事实的方式，让其领会。

先说经验不可信。有一次，我跟境远一起游览加拿大的千岛湖，见两岸水边的房子被湖水淹了。导游说，今年遇到的是百年不遇的洪水，而那些被淹房子的主人是凭几十年的经验确定所建之房与水面距离的。这个活生生的例子，让境远深刻感受到了"经验不可全信"。

再说概念不可全信。"一心不可二用"，是个概念。真的吗？生活中一心可以两用的故事多着呢。有的人，既用心于哲学，又用心于创业，照样双双有成就。

还说权威不可全信。有的所谓的权威人士，在电视上夸夸其谈，预测这，判断那，结果常常被后来发生的事打脸。

又说大多数不可全信。学校的分数教育，无益于学生，分明不好，但大多数的老师和家长还在跟风，还在错误的路上狂奔。这样的大多数可靠吗？还是远离为好！

四个不可全信，9岁的境远初步懂了，以后会更明白的。

用希望治忧郁

人是要有希望的。缺了对未来美好的希望，即使眼下的日子过得去，也是乏味的，甚至会引起忧郁。

唐境远因为不喜欢上学，几次三番对我说，他忧郁。

我记得，自己上幼儿园、小学期间，也曾忧郁。我是靠对未来美好的想象，击败忧郁，让自己愉悦起来的。比如，想：几个小时后就放学了；几天后就周末了；一个月后就放暑假了；长大后就不用上学了。希望，治好了我的忧郁。

现在，我也试图用希望，治疗境远的忧郁。我对他说："你不喜欢上学很正常，这是大多数小孩的常态。但你无须在不良的心情中无法自拔，因为，在校的时间总是有限的，你可以把希望寄托在校外，校外有更多的时间和空间让你去寻找快乐，去读你喜欢读的书，玩你喜欢的游戏，做你喜欢的事，与你喜欢的人在一起。"

我还让境远把希望寄托在未来，寄托在成年以后。我告诉他："到那时，你自由选择什么样生活的余地更大，而自由是快乐的前提，也是实现自我的前提。想想未来的无限美好，你可以把忧郁的情绪降到最低。"

每当我跟境远聊希望，憧憬未来的美好，境远总是心情大好，恰似给他体内注入了大量健康细胞，夺回了原先被不良细胞占领的阵地。

境远几个月没跟我说他忧郁了，或许"希望"这帖中药，开始起作用了。

交友三原则

快上小学的时候，唐境远对我说："你在社会上朋友蛮多的，我马上要上学了，也想在同学中交一些朋友。交什么样的朋友好呢？"

我觉得境远提了一个很好的问题，略加思索后，我告诉他，交友要讲究三点，或者叫作交友三原则。第一，对方要善良，也就是人品好；第二，对方要聪明（包括智商和情商），以便交流；第三，双方要相互欣赏，所谓投缘。

境远又问我："那如何长久保持朋友关系呢？"我答："一是要相互宽容，求大同存小异；二是要你帮我助、抱团取暖、抱团取乐、抱团克难。"

我还对境远说："朋友不在多，而在精。"

看神态，境远内心接受了我的交友观。

有一年暑假，境远告诉我，他已在班级里交了七个朋友，其中两个是一年级交上的，两个是二年级交上的，另三个是三年级交上的。七个小朋友的名字分别是：张原、万嘉烨、杜禹锡、李智浩、徐兆研、梁浩明、陈泽期。

朋友是无价之宝，是快乐的源泉，也是一种特殊的"保险"。但愿境远的朋友情，长长久久！

一个人的首要问题

我常常提醒境远，要勤于思考，要多多提问，问自己，问别人。

新近境远问了我一个很大的问题："一个人的首要问题是什么？"

一个人的首要问题是什么？我上初中的时候认真想过，有了答案。我觉得，一个人的首要问题是：自己想成为一个什么样的人？

一个人明确了自己要成为什么样的人，就有了方向和目标，就可以集中毕生的时间和精力去践行，就可以有所规划分步实施。哲人说："你想成为一个什么样的人，往往你就成了那样的人。"想想也是，有了目标，朝着那个方向去，或乘飞机去或开车去或步行去，尽管速度有快慢，但均在接近目标是无疑的。

一个人的少年时代，正是世界观形成的时候，正是对自己有了基本估价的时候，这个时候也是确定自己"成为一个什么样的人"的时候。有人追求平平常常，认定知足常乐，目标定在上个好大学，找份好工作，有个安稳的家。这样的人，也许人生路上风险艰难少一些，但决计不会有出息、有所作为，成名成家，对社会做出较大贡献。有人则不然，他们胸怀大志、永不满足，非要在某个领域做出些名堂。他们以创造为人生快乐，以平庸为耻。此类人或许会多些磨难，但成功属于他们，英雄属于他们。

你要成为一个什么样的人？不仅体现在职业上，还表现在人品上。有人"宁可天下人负我，我不负天下人"，做个君子。有人倒过来，"宁可我负天下人，不可天下人负我"，成为小人。

我问境远："你想成为什么样的人？"他调皮地说："你的话记住了，但你的问题，过几年告诉你。"

克服这个时代

尼采说:"在自己身上克服这个时代。"

我赞赏尼采的这个哲学思想,常对境远提起这句话。境远要我解读此话的含义。

我说,据我的理解,此话有三层意思。第一层是,这个时代会丢弃过去了的时代中一些美好的东西,我们应该坚守这些美好。比如,过去的邻里关系非常密切,多有语言交流,还有美食互赠,而现在呢,邻里似同陌路,甚至老死不相往来。比如,过去用手帕,优雅而环保,现在被粗糙的、一次性的餐巾纸取而代之。

第二层是,这个时代有许多不良的东西,我们应该避而远之。比如,学校推行分数教育,让孩子死读书,读死书,不会独立思考。比如,婚配轻感情重金钱等。

第三层是,这个时代有待进步和发展,我们应该去创造新的美好。其中包括人文的、科技的。

听了我的分析,境远说:"让别人去'与时俱进'随大流吧,我也喜欢在自己身上克服这个时代。"

为什么要上学?

讨厌上学的唐境远问我:"为什么要上学?"

许多家长或许会答,上学可以学到好多知识呀,可以拿到文凭啊。

不想说上述的回答错了。

我告诉境远,我欣赏哈佛大学一位校长的说法:"为什么要上大学?目的是走上社会后知道谁在胡说八道。"

这位校长的意思是说，上学是为了明辨是非。

我还跟境远转述了爱因斯坦的观点。爱因斯坦在1921年获得诺贝尔物理学奖后首次到美国访问。其间，有记者问他声音的速度是多少，爱因斯坦拒绝回答。他说："你可以在任何一本物理书中查到答案。"他接下来的话成为永恒的经典："学校教育的价值不在于记住很多事实，而是训练大脑会思考。"

爱因斯坦还说："我没有特殊的天赋，我只是极度好奇。想象比知识更重要。"

我接着对境远说，当我们从小就被教育"知识就是力量""学好数理化，走遍天下都不怕"的时候，却没有人告诉我们，每一次的时代飞跃都是基于思想的进步。

最后，我告诫境远："无论你在学校，还是在校外，你都要勤于思考，把目标定在思想进步上。"

境远的一个好奇

境远有个好奇，想知道我的幼儿园生活和小学阶段是如何度过的。

我择其要者而言之，如实报告：6岁至7岁，早晨带着小我2岁的妹妹，走20分钟路程去市机关幼儿园，放学时再和妹妹一起走回家，从未有过家长接送。在幼儿园，印象最深的是两件事。一是和一个名叫苏勇宁的同学打架，打了无数次，不分胜负。二是全班同学中就我不会穿衣服，被老师说"笨"，我不服，我说我会听时事广播，其他同学会吗？

8岁起上了南长中心小学。放学后有个任务，去幼儿园接妹妹回家。早餐是在上学途中吃的——买一个大饼、一根油条。在校呢，常常逃课，跑到校外一个小书店去看图文并茂的书（一分钱看一本）。课外，春天用弹弓打鸟；夏天至秋天抓蟋蟀、斗蟋蟀；冬天，和大孩子打扑克争上游，上游赢两分钱，二游赢一分钱，三游输一分钱，末游输两分钱。晚上，户外看看天空，室内听听时事广播。学习成绩呢，时好时坏，每逢不及格就改分数，如把38分改成88分，骗骗父母。有一次，常熟当校长的姨夫来我家做客，发现了我的作弊（不及格的分数是红笔写的，改了有红的痕迹），告密，让我挨了父母训斥。

境远说："比较现在，你当年的学校生活宽松、有趣、好玩。"他向往那个年代。

我说："我小时候打架、玩扑克、作弊的行为，你别学。但我从小关心时事，看课外书，你学也无妨。"

新近听一个北大教授说，他讲课时，如果同学听了没兴趣，可以睡觉，可以离开，他并不反对。

观电影《骡子》

好的电影和好的书一样，值得一看。美国影片《骡子》，就是一部不错的电影，我看了两遍。

我独自看了第一遍，第二次是我和唐境远一起看的。显然，我是想让影片给他启发。

影片讲述一个男子一生以工作为重，忽略亲情与家庭。女儿的婚礼，他没去，他去了一个鲜花发布会。女儿的生日，他不记得；和夫人的结婚纪念日，他忘却。他热衷于自己的鲜花种植和培育，成绩斐然，在社会上赢得许多荣誉，但因不顾家，夫人和女儿疏远了他，跟他形同陌路。待他老了，孤苦无助。

当得知夫人因病临终，他终于醒悟：亲情比任何工作重要。

他回到了夫人身边，悉心照料，获得了家人的原谅。

亲情比工作重要，是电影的主题，整个故事拍得十分感人。

廖智的故事

发生在2008年的汶川地震，给我留下两点深刻印象：一是伤亡惨重；二是有个叫廖智的姑娘，让我感动。

喜欢跳舞的廖智在地震中失去双腿，装了假肢的她照样愉快地跳舞，还说和真的腿相比，假肢有两大好处：一是坏了可以换；二是在坐车拥挤时可以拆下来。多么达观的女子呀！达观不同于阿Q，是在挫折面前的乐观，是一种可贵的思想方法，利于心情，利于往后的生活质量。

孩童，通常没有经历人生中的重大挫折，假如缺乏挫折教育，日后遇上挫折，就会措手不及，少有承受能力，一蹶不振。现在有些中小学生，因为分数压力大，承受不了，忧郁的有之，跳楼的有之。这里面有学校的问题，有社会的问题，有家庭的问题，但不能不说，也有学生本身的问题，他们太脆弱了，经不起挫折。

孩子经不起挫折，说明挫折教育没有跟上。

我把廖智的故事讲给境远听，告诉他：顺利的时候，不能忘乎所以、得意忘形，得保持谦虚和谨慎，得预测风险所在。相反，遇到挫折，就要像廖智那样，达观、乐观，看到希望和光明，勇敢地走向美好。

听了廖智的故事，境远说："廖智姐姐了不起，跟她的境遇相比，眼下乏味的学校生活虽然不理想，但大可不必悲伤，不必忧郁，更不必跳楼，我可以从其他方面去学习有用的东西，去寻找快乐。"

对弱者的态度

在和唐境远的相处中，互相提问是常态。

有一次，我问境远："如何看清一个人的人品？"他稍加思索后答："对人友善，就是人品好；对人凶狠，就是人品不好。"

接着，他要我自己回答这个问题。我说："人品怎么样，就看这个人对弱者的态度。"

"世人对弱者的态度，大体上可分为三种。一种是鄙视弱者，在弱者面前摆架子、耍威风，甚至欺凌弱者。此类人通常仰视强者，在强者面前低三下四、奴颜婢膝，企图依靠强者谋私利。这种人属于势利小人，人品为下。一种是对弱者视而不见，不欺负也不同情、帮助。这种人属于普通人，人品为中。一种是对弱者有悲悯之心，心生同情，且乐于伸出援手，帮其解难，助其解困。此类人平视强者，不畏强势。这种人是良善之人，人品为上。"

我还对境远说："一个人不管所处什么国度、什么时代，不管顺境逆境，不管自身能力如何，对弱者的态度一定要好！"

好欣慰，境远认可我的观点。好几次，我见他把自己的零钱，给了马路边的乞讨者。

马上去做

人无完人。成年人如此，何况孩童？唐境远也有这样那样的缺点，比如他对不喜欢做而必须做的事有拖延症。

境远有强烈的责任心，必须做的事他会自觉地去做，但因为不喜欢，所以尽量往后拖。在拖的过程中，产生焦虑。

该做的事，马上去做，才是明智的。数年前，我写过一篇题为《马上去做》的小文。为了让境远有所启迪，我将此文打印出来，让他一读。读后，他对我说："你借此在批评我吧。我知道了，该做的事，与其拖拉，不若马上去做。"

《马上去做》全文如下：

有句话，叫作"今日事今日毕"。此话挺好，但没让我震撼。在安井汤圆生产厂家楼道的墙壁上，我见到"马上去做，认真去做"的标语。这句话让我触动很大。

马上去做，是安井汤圆的企业文化。凭着这样的文化，这家食品企业天天向上，收购了国内著名的同行企业，安井汤圆成了消费者心目中的名牌。

马上去做，是一种奋发的精神状态，内含强烈的做事欲望。它与办事拖拉、松松垮垮、无精打采，形成鲜明的对比。

马上去做，做事才有效率。好花不常开，好景不常在。错过了办事的最佳时机，过了这个村就没这个店，以后再想做恐怕都没机会了。

马上去做，不等于打无准备之仗。这里的做，包含了做事先得调查研究，做事先得头脑风暴，做事先得谋划设计。

马上去做，不是为了速成，去马马虎虎地做、粗制滥造地做，而是尽快进入做事状态。

一个团队马上去做，加上认真去做，可以成就一个优秀企业。一个人马上去做，认真去做，久而久之，就成了一个优秀的人。

《马上去做》不是为唐境远写的，却对他起了作用。境远的爸爸妈妈发现，他现在有点"马上去做"的样子了。

蟋蟀和蚂蚁

《蟋蟀和蚂蚁》是我上小学时读过的语文课文。课文大意是：蟋蟀在夏天成天欢快地唱歌，讥笑勤奋的蚂蚁整天劳作，不懂生活，不会享受。结果到了深秋，蟋蟀饿死冻死了，而蚂蚁备有足够的粮食，安度秋冬。

眼下，"活在当下"的声音频频，"月光族"多多，甚至有人以信用卡度日，有人购房贷款成房奴。此类人不把兴趣放在创造财富上，却热衷于消费，甚至自不量力高消费，恰如那蟋蟀，只顾活在当下，不求明天美好。

消费是无可非议的，但得讲究适度。钱是用来花的，但也得有所积累。今天是可以开心的，但不能以明天的快乐为代价。

为了让唐境远为明天而努力，避免中"活在当下"的毒，我从网上找到半个世纪前的小学语文课文，让他读读《蟋蟀和蚂蚁》。

境远的读后感："《蟋蟀和蚂蚁》生动形象，颇有教育意义，我将铭记于心，终生难忘。"

记得我也曾让境远的妈妈读过《蟋蟀和蚂蚁》，使她懂得创造比消费更有价值。

感恩《蟋蟀和蚂蚁》正面影响了我家三代人的人生观。

一个人的另类思维，大概一半靠先天，一半靠后天培养。我发觉，境远身上颇有另类思维的基因，我有意识地鼓励他、培养他，期望他发扬光大这种思维。

另类思维

　　在一次去大学演讲时，有学生问乔布斯："我以后如何成为像你一样的人？"
　　"另类思维！"乔布斯仅用这四个字回答问题。
　　成为乔布斯，肯定不是"另类思维"那么简单，肯定还要具备其他一些优秀的品质。而乔布斯没有面面俱到，只用"另类思维"作答，说明在他心里，这四个字是他成功的先决条件，是最重要的。
　　另类思维何止是乔布斯成功的秘诀，可以说，是各行各业所有精英成功之首因。不可设想，一个没有另类思维的人，他会成为思想家、企业家、艺术家、文学家、科学家？
　　我自知智商平平，但有生以来尝到过些许另类思维的甜头，所以特别推崇另类思维。
　　一个人的另类思维，大概一半靠先天，一半靠后天培养。我发觉，境远身上颇有另类思维的基因，我有意识地鼓励他、培养他，期望他发扬光大这种思维。
　　这些年来，另类思维还真在唐境远身上闪闪发光。中秋节，人们都在欣赏满月；境远说，他赏弯弯的月亮，弯弯的才是月亮的常态，赏圆的，不如去看太阳。樱花节，无锡人都去鼋头渚赏樱花，公园里挤满了人；境远说，赏樱何必去公园，小区里的樱花也是美美的。清明扫墓，交通阻塞；境远说，秋天也可扫墓。众人说，活在当下；境远说，当下一味享受过去创造的财富，明天怎么办？不该活在明天，为明天而努力吗？

有另类思维，才有创新，才有出息。境远兄，我看好你！

忘掉分数

对于学生的分数，老师和校长十分在意，那是体现他们业绩的东西，可以理解。他们关注的是学生当下的分数，以及升学率，以及是否进入名校。至于学生们走上社会后怎么样，不在他们的考量之中。

对于学生和家长而言，如果也看重分数，把分数与学有所成等同起来，那就大错特错，分数不等于知识，不等于文化，更不等于才华。

唐境远上学的第一天，我就认真地对他说："你要好好学习，但要忘掉分数；只有忘掉分数，才能学有所获。"

境远要我细说忘掉分数的好处，我一一道来：忘掉分数，才不会不假思索地全盘接受教材及老师所说，才会质疑，才会批判，才会独立思考，才不怕偏离所谓的标准答案，才不怕在考试中失分。上学是为了学习知识，提高学习能力，而不是拿高分。此其一。

忘掉分数，才不会死记硬背，死读书，为应付考试，浪费时间和精力。此其二。

忘掉分数，才能腾出时间和精力去阅读大量的课外书，去接触社会，去玩耍，去做自己有兴趣的事。此其三。

忘掉分数，才能身心自由，去进行创造性的思维。此其四。

放学以后、周末、寒暑假，唐境远不去补习班，去书店，去游泳池，跟着家长参加各种社交活动，还跟我玩扑克、打麻将、散步、爬山、旅游。一句话，课外没有分数压力，在快乐中成长。

忘掉分数以后，境远的学习成绩怎么样呢？报告大家：优良。他上课还是认真听讲的，加上阅读了大量的课外书，他的理解能力和接受能力强。忘掉分数，不仅没有失分，反而利于考出高分。

赚同学的钱

有一年，我给唐境远讲了一个故事：

一个单身妈妈带着三个孩子在以色列生活。妈妈做饼，又独自销售，用卖饼赚到的钱维持全家的生活。

这个勤劳的妈妈受到了邻居的批评，邻居说，全由母亲来承担家庭重担是不对的，应该让孩子分担，应该让孩子拿了饼去学校卖。

这个妈妈接受了邻居的建议，三个孩子也乐意帮助妈妈，第二天就行动了。老大拿了饼去学校零售，小有业绩；老二把饼批发给了食堂，薄利多销；老三给外国学生讲中国故事，让听讲者每人买一个饼，销量也不错。

三个孩子在学校卖饼，赚同学的钱，受到了老师和校长的鼓励和表扬。

后来，这个妈妈带着三个孩子回中国了。妈妈继续做饼，三个孩子依然去学校卖饼。可是，学校禁止了他们的行为，还进行了严肃的批评。

讲完故事后，我跟境远讨论了这个话题，一致认为，以色列学校的价值观是对的。

几个月前，境远没跟家长商量，独自决定做了件事：将自己读完的课外书，拿到学校去租给同学看，收费标准是每本一天一元。此举获得许多同学欢迎，生意大好。可是，好景不长，没几天就被老师发现了，受批评了，书也被没收了。

境远不服，他说："租书给同学，让同学从课外书中学习知识，获得乐趣，又省了购书的钱（每本书价 34 元），有何不好？我收费一元，赚钱取之有道，有何不可？"

我对他说："你明白就好！你还年幼，来日方长，看好今后吧。"

虽然受了委屈和挫折，听了我的话，他还是阳光地笑了。

自我估价

有一年，我卖掉了一套商品房，成交价是 108 万，可税务部门按 148 万的标准收了我的税，依据是 148 万是评估价——若成交价低于评估价，以评估价算；若成交价高于评估价，则按成交价计。

我把这件事告知境远时，他没有对税收规则是否合理做评论，却别出心裁地问我："对房产、汽车等，有公司评估其价格，有没有公司可以评估一个人的价值呢？"

我说，没有。但是，自我估价是可以的，而且是必须的。

一个人活在世上，难免被众人评价，一百个人会对自己有一百种评价，或优或劣，或优劣参半。倘若我们对自己缺乏清晰的自我估价，就会无所适从于别人的眼光，听到赞美声会飘飘然，听到批评声会生自卑。知道自己有几斤几两，就会泰然处之，从容应对来自外界的声音。

有了自我估价，就会知道自己是大材、中材还是小材，就容易选择自己工作或事业的方向和目标，就不会大材小用和小材大用，就会找到自己适合的用武之地，在这个世界上安身立命。

有了自我估价，就会去寻觅般配自己的恋人和婚姻对象，就不会出现鲜花插在牛粪上的惨剧。常有人说："好女人找不到好男人，好男人找不到好女人。"究其原因，十有八九是那好的一方，低估了自己，错配了与自己相去甚远的人。

给自己估好了价，才可在人生舞台上选好自己的角色，取得应有的成就，收获快乐和幸福。

听我讲完，唐境远说，他现在还是孩童，连小材也谈不上，但有志向积极努力，远离平庸，以给自己估个高价。

成熟的意义

2021年，唐境远虚龄10岁了，正在走向成熟。

如何理解成熟，成熟的意义是什么？这对他尤为重要。恰巧数年前，我对有关成熟的问题有所思考，并写了篇小文《成熟的意义》，我便"拿来主义"，一字一句读给境远听，期待他听有所获。

以下是《成熟的意义》全文：

百度对"成熟"的释义是：果实或谷物成长到可收获的程度。

这个释义好，不仅说明了什么叫成熟，而且讲明白了成熟的意义。可收获，便是成熟的意义。

果实不成熟的时候不可收获，果实熟过了头同样不可收获，只有刚刚成熟的果实才可收获。从收获的意义上讲，熟过了头便是不成熟。

成熟的意义是可收获。

生的西瓜不好吃，太熟的西瓜也不好吃。生的牛排不好吃，十分熟的牛排也不好吃。过犹不及！

说说人的成熟。生理的成熟不去说它，单说心理成熟。

一个人的心理怎样才叫成熟呢？百度上没有，百度只讲果实和谷物的成熟。

一个人的心理怎样才叫成熟？兴许一百个人有一百个理解。我的理解是，一个人既有天真，又有朝气，还有练达，就是心理成熟。因为这样的成熟，才有意义。

果实成熟的意义是可收获，一个人成熟的意义是更好地适应社会、对付社会、改造社会，更好地发挥自己，做最好的自己。

做最好的自己，便是成熟，便是成熟的意义。

有些人有天真有朝气，可缺少人情练达，不懂人心、不懂潜规则，可谓不成熟。

有些人一味世故，看破红尘，用显微镜看世界，满世界是肮脏。此类人因此悲观消极，没有进步的动力，还自以为成熟了。其实，他们不在成熟的状态，而是熟过了头，犹如那熟透了错过了收获期的烂苹果、烂西瓜。

果实成熟的意义是可收获，人成熟的意义是做最好的自己，让自己快乐幸福，为社会多做贡献。

保持孩童的天真，就无框框，有想象力、创造力；保持青少年的朝气，就有活力，就敢作敢为；拥有人情练达，就少了冒失和冲动。这样的人才是成熟的人，这样的成熟才是有积极意义的。

让我们年轻而老成——成熟；老年而天真——成熟。

成熟的意义是收获,让我们永远处于收获期,永远做最好的自己。

听完我的朗读,境远调皮地说:"好文章要熟读三遍,容我细细品味。"

批评不能过分

唐境远是一个善于独立思考的小孩,常常会质疑这、批评那,有时候批评起来还很尖锐。我希望他既有批判精神,又讲究批评的艺术,提醒他批评不能过分。

批评过分,不仅起不到指正的作用,还会引起反感,产生矛盾,恶化人际关系。

批评过分的表现常见有三种:

一是重复批评。对别人的一个错,指出了,对方也认可了,还是抓住不放,一而再,再而三,无休止地批评个没完,让对方头晕,恨不得找个地洞钻进去。

二是上纲上线。把别人无意中做错的事,说成故意为之,误伤成了故意伤害。

三是人身攻击。在某一件事上,别人想得不够周到,便说这个人脑子有问题,是猪脑子。

无论是批评他人做错了事,还是批评别人的一个观点,都是就事论事好,对事、对观点不好,不对人。

批评掌握分寸,才能显得中肯和好意;批评过分,容易让人感觉你在借题发挥,另有动机。本来你是批评者,这时候你会成为被批评的人。

批评，不光是一个水平问题，也是一个修养问题。

批评是一面镜子，可以照见批评者是个什么样的人。

有些人的批评让人肃然起敬，有些人的批评让人嗤之以鼻。

境远有做笔记的好习惯。对我上述言论，他认真听了，事后做了笔记。

明天的糖

唐境远长相三分像我，思维方式七分像我，生活习惯九分像我，比如我俩都十分喜欢吃巧克力。

上个周末，我俩买了几个品种的糖果，一起分享。借着这个当口，我给他讲了一个有关糖的故事。

故事发生在美国洛杉矶。

40年前，美国洛杉矶有家幼儿园做了一个有趣的实验：老师给50个幼儿每人发了一粒糖果。老师说，小朋友可以马上剥开糖纸把糖吃了，也可以把糖交还老师，在老师这里存放一天，待明天来取时将得到两粒糖。

50个幼儿中，39个选择了立刻到手，或立即吃了，或先放在自己口袋里；另有11个选择了把糖交还老师，哪怕当下馋涎欲滴，也要明天翻倍。

40年中，这家幼儿园对那50个参与实验的学生进行了跟踪调查，发现那些"现到手"的，长大以后还是以眼前利益为重，活在当下，对未来缺乏理想和计划，不愿为今后的美好生活做铺垫，做一天和尚撞一天钟，混日子无作为。而那些要明天的糖果的，则忍小谋大、忍近谋远，为心中的目标而不懈努力。

40年过去了,当年要明天的糖果的,明显比"现到手"的,有出息得多,既为社会多做了贡献,又迎来了个人的美好生活。

听完故事,境远评论说:"与其说要明天的糖果的小孩聪明,不若说图眼前的小孩太傻了,50个小孩中居然占了39个,怪不得平庸的人多。换了我,哪怕那颗糖放在老师那里一年,一年后可以取两粒,我也乐意,那是年息百分之一百啊,多高的回报!"

看来,我的境远兄,不仅看得远,还相当有商业头脑啊。真好!

小笨是福

有一天,和境远在一家素食店午餐,见店堂里挂着一幅字:"吃素是福。"

好问的境远问我:"为何吃素是福?"我答:"或是吃素利于健康,而健康意味着幸福吧。"

境远又问我:"有人说吃亏是福,如何解释?"我答:"人与人之间,谁谦让,乐于吃点亏,会得人心,受欢迎,而人缘好通常有好报,有好报福便在其中了。"

境远还问我:"还有什么是福,你能再举一例吗?"

我略加思索,答:"小笨是福。"

我虚龄7岁时,还不会穿衣服,常被幼儿园老师说"笨"。

可我那时已有兴趣听时事广播、学会了下象棋,所以我对不会穿衣的"小笨"不以为然,依然故我。我发现,我的这个"小笨"挺划算的。一则,家长、老师帮我代劳了,我得到了更多的关爱;二则,省了我的心,我可以去学习自己更感兴趣的东西,做更有价值的事。

类似的"小笨",我还有许多,比如,不会做菜、不会电脑、不会拼音、不会英语、不会网上购物等。如此这般，我少了家务，少了工作中的琐事，多了聪明人、能干人来帮我，可以集中精力做自己擅长的事情。

凡此种种，我切身感受到了"小笨"是福。

我说，华为的任正非也讲，在家里，他常被夫人和女儿说笨。但他不想改"小笨"、补短，他只想拉长自己的长处，然后跟别人的长处结合，做成大事。

境远听得津津有味，回想自己的"小笨"之处。他说："我不善整理物件，不善唱歌，不善绘画，写的字也不好看。"

我认真地告诉他："小笨是福，至少无妨。你用功于你的特长吧，你的独立思考、你的好奇心、你的善质疑、你的创新意识、你的讲逻辑、你的善良。"

境远笑了，笑得灿烂，笑得自信。

停在 18 岁

上个周末，有一位 30 多岁的青年企业家来找我聊天，唐境远在场。临走时，他感慨地说："高先生，我发觉你的思维比我们年轻人还活跃，什么原因？"我笑而未答。

过后，境远要我回答上述那位年轻人提出的问题。

我对境远说："因为我比他年轻，我停在 18 岁。"

一个人的物理年龄是不可抗拒的，一个人的生理年龄也不以自己的意志为转移。但一个人的心理年龄，则可以把控，想停在 18 岁，就是 18 岁。

我告诉境远，心理年龄停在 18 岁，意义非凡。

18 岁，有朝气，有激情，初生牛犊不怕虎。18 岁，不世故，有梦想，相信美好。18岁，充满好奇，思维活跃，少框框，少限制，异想天开，利于创新。

物理年龄18岁，有缺憾：阅历不够，经验缺乏，知之甚少。而中年、老年倘若心理年龄停在18岁，则结合了不同年龄段的优势，避开了某个年龄段的劣势。

心理年龄停在18岁，或是奇思妙想、天真烂漫。可这个观点由我这个年龄提出来，正好证明：恰如18岁。

境远说，再过9年，他也18岁了。他乐意和我一起，停在18岁。

小心假象

这个世界，假象无处不在。小心被假象迷惑，是一辈子的事。从小知道小心假象，利于寻找真相，活得明白。

为了让唐境远知晓假象的可怕，我跟他讲了一个实例：

诺贝尔奖得主、《消失的治疗艺术》作者伯纳德获准进行一个实验：实验人员告诉死囚，用放血的方式让他无痛苦地死亡。死囚同意了。

开始的时候，把死囚绑在床上，蒙上他的眼睛，假装在他的四肢划上一刀，然后用滴水桶，由上往下面滴水，声音很大，滴速由快到慢。

犯人清晰地听到了自己"血液流干"的声音。等水滴完时，发现病人已经死了。而真相是，犯人一滴血也未曾失去。

一个"血液流干"的假象，致使信它的人恐惧至死。

我还跟境远说："有些假的好消息也是害人不浅。比如，有的理财公司告诉你，投资一百万，年回报百分之二十，先投的人已经拿到本金和回报了，给你一种回报高又安全的假象。你信了，就亏了。

"比如，有人告诉你，某个传销产品，自用省钱，参与销售轻松赚大钱，好多人因此发财了。你信了这个假象，盲目乐观、忘乎所以，就上当受骗了。"

境远问我："如何才能识破假象呢？"

这是一个好问题。

我说，首先，遇事别太激动，要保持冷静，心态平和。其次，相信常识，质疑，理性判断。

我知道，面对复杂的社会、复杂的人心和无处不在的假象，我对境远说的话，显得有点苍白。但总比不说好，总比不提醒好。

多多表扬别人

唐境远不仅喜欢提问，而且善于提问，常常变着法子让我回答问题。

有一天，他说："常言道：'不听老人言，吃亏在眼前。'也就是说，听了某些老人言，可以得益匪浅。你虽然心理年龄和生理年龄尚年轻，但物理年龄不小了，说几句有价值的'老人言'我听听呢。"

我说："先说一句吧，多多表扬别人。"

我解释说，多多表扬别人，好处多多。一则表扬是一种肯定和鼓励，可以促使受表扬者更加自信，继续向好。二则表扬是一种友好的表达，等于送了一个人情，可以加深与对方的情感。三则你认可对方的好，对方往往也会多从正面看待你、评价你，给你以鼓励。

当然，多多表扬别人，要真诚，要实事求是，不能过奖，更不能拍马屁、讨好别人。过奖了，就成了讽刺，还会误导对方，使其过高估计自己；拍马屁、讨好别人，就降低了自己的人格，被对方看不起，何苦呢？

表扬人，还是一门技术活。表扬的话要说到点子上，要用恰当的语言，还要看场合、选时机。

境远机灵。听我说完，立马不失时机地表扬我："高鸣兄言之有理，小弟领教了。"

胆子大一点

唐境远胆子比较小，还不如他的两个妹妹胆子大。我们家长说他胆子小，他不服气，说自己是谨慎，而非胆小。

教育得因人而异，胆大的要让其谨慎，过于谨慎（胆小）的要让其胆子大一点。

为了让境远胆子大起来，首先，我从理论上告诉他，一个人要成就一番事业，是要有所担当的，而胆小的人担当不起，只有胆大的人才敢于担当，当然胆大也要细心，如此才好。其次，我主动创造机会，让境远在实践中锻炼，练就胆魄。

境远从小怕水，我们偏偏带他去学习游泳。起先，别说下水，就是近水，他也怕。慢慢地，渐渐地，他感觉水没那么可怕了，可以亲近了，最终学会了游泳。胆子也大了些。

我还让境远和我一起炒股，用他自己的一万元零花钱选定一只股票购进，每个交易日，他看到自己或赢了或输了。开始时紧张得很，久而久之，他的承受能力增强了，胆子大了起来。

过去，境远谨慎有余，胆略不足；现在，他似乎在找胆大和谨慎之间的平衡点。

选择硬道理

道理，不仅有真理和歪理之分，还有硬道理和软道理之别。

邓小平说："发展才是硬道理。"正是选择了硬道理，才没有被其他软道理捆住手脚，从而促使中国经济长足进步。

什么是硬道理，什么是软道理？这个问题很重要，可学校，至少是小学，不会跟学生讲。好吧，那由家长来讲。

我告诉唐境远，往往，软道理是手段，硬道理才是目的。比如发展是目的，而通过什么途径去发展只是手段。比如，学生增长知识是目的，是硬道理；通过考试了解学生的学习情况只是手段，是软道理。比如，生命安全是目的，是硬道理；遵守交通规则是手段，是软道理。

硬道理和软道理之间，常常是统一的，但也不尽然。当两者发生矛盾的时候，人们应当毫不犹豫地以硬道理为重，选择硬道理。

举个例子：南京有个公交车司机，行驶途中发现有个乘客心脏病突发，急需以最快速度送医救治。为了挽救生命，他连闯几个红灯（违反交通规则），及时把病人送到医院，救了一条人命。事后，交通部门没有扣他的分罚他的款，公交公司还表扬了他。

显然，这位可敬的司机，是在生命安全（硬道理）与遵守交通规则（软道理）之间，做出了正确的选择。

人生，就是选择。选择硬道理，是赢的前提。

我的软硬道理之说，境远听得津津有味。凭他的悟性，他大致是懂了。

学会忽略

有人问尼采:"你为什么比我们常人聪明那么多?"

尼采答:"因为我忽略的东西比你们多。"

我非常认同尼采的这个说法。

在生活中,我见到许许多多智商不低的人,恰恰是因为他们在意的事物太多,而一事无成。我有一个远房表姐,她在校时门门功课优秀,大学毕业后屡屡在电视台举办的各类智力竞赛中获奖,在家做得一手好菜,还会缝纫做衣服,还自学了几门外语。可是,她数十年没有大的作为,依然平庸。错就错在,她不懂得忽略。

去年在温哥华一个李姓亿万富翁家做客,领教了他的"忽略":他的司机向他报告,开车时不小心跟别的车小撞了一下,车头有轻微划痕,得去修一下。李老板反问:"干吗要去修,不能忽略吗?又不影响正常开。你女儿还买有洞洞的长裤呢,为什么不去补?"

对无关紧要的事情,忽略,是一种超然,是明智的。人生苦短,时间和精力有限,宝贵得很,得把它们用于更有价值的事,或寻求快乐。

我把"忽略"的意义讲给唐境远听,希望他学会忽略。

他问我:"那眼下,我可以忽略什么呢?试举两例。"

我告诉他:"首先,你要忽略的是学校的考试分数;其次,可以忽略你不感兴趣的一切才艺,比如绘画,比如弹钢琴之类,当然,假如你喜欢,那另当别论。"

向麻雀学习

有一次，唐境远在新华书店买了本《动物世界》。

或许是看完了，几天后告诉我，他在所有动物里，最喜欢狼，理由是：在食肉动物中，狼是最难驯服的，关它十年，一旦放出，依然野心十足。

境远问我最喜欢什么动物，我答："最喜欢麻雀。"

我说："鸟类中，麻雀最不易驯化，宁死不屈，你把它抓来关进鸟笼，它无一例外地选择绝食，以死抗争。这样的结果，个体固然失去了宝贵的生命，但对族群，对子孙后代，却有万利。因了麻雀宁死不做笼中鸟的秉性，人们再也不会把它关在鸟笼里当宠物取乐。"

哲人说："幸福的密码是自由，自由的密码是勇敢。"

绝食，是要死的。这个道理麻雀不是不懂，麻雀是把自由看得比生命还重，比天还高。

"生命诚可贵，爱情价更高。若为自由故，两者皆可抛。"这是高尚之人的情操，难能可贵。小小麻雀竟然达到此种境界，实在令人肃然起敬。

相比之下，人类在麻雀面前应该汗颜。麻雀不是精致的利己主义者，它是有牺牲精神的，为了族群和后代的自由。

每每见到树林里欢乐无比的麻雀，敬仰之心油然而生。

听了我对麻雀的介绍，境远说："鸟类中麻雀长得不是最美的，但因其拼命追求自由，有一种气质美。我要向麻雀学习！"

钱不是个数字

有个周末，我带着唐境远去一个朋友的会所做客。席间，这个朋友兴奋地对我说，近半年来，他炒股赚了一百多万。

境远在旁边插话："有人说，钱多了就是一个数字。果真如此吗？"他表示质疑，并想听听我的观点。

我发现，说"钱多了就是一个数字"的人，一般是钱不多的人。

"钱多了就是一个数字"，言下之意，钱少，钱才是钱；钱多，钱就不是钱。说者的理由是，一个人生活的必需品是有限的，所以钱多了没用；没用，就与一个数字无异。

这样的理由，显然站不住脚。

首先，生活不是一成不变的，不说必需品的价格在变，必需品的内容也在变，过去自行车都是奢侈品，现在小汽车几成必需品。再说了，人类可不能满足于生活必需品啊，还得不断改善生活品质。

其次，钱不光是用来消费的呀，孙中山搞推翻帝制的革命需要钱，如今搞经济建设，创业和发展再生产需要钱。电影《辛德勒的名单》里，大把的钱救了众人的命。

再次，钱就是一时用不了那么多，日后呢？总要有备无患吧，总要积谷防荒吧。地震塌了房，重建需要钱；人民币大贬值，钱多抗风险。

在经济社会，挣钱多少，尽管不是衡量一个人能力和价值的唯一标准，却也是重要标志。从这个意义上说，挣大钱不光是为了用钱，还是完善自己、证明自己、实现自己的重要手段。

钱，少有少的用处，多有多的用处。钱少是钱，钱多也是钱。消费要钱，建设要钱，助人要钱。

再多的钱，不是干巴巴的数字，不是一个空洞的概念，而是生动活泼的，与我们的日常生活息息相关。

我在评说"钱"时，境远频频点头。末了，他来了一句："韩信用兵，多多益善。金钱于人，多多益善。"

离婚是一件幸事

恩格斯说："离婚是一件幸事。"

我觉得恩格斯的这句话，非常适合我正在筹备的回归俱乐部（又名离婚俱乐部），我想把这句话挂在俱乐部的墙上，供会员们欣赏。

有一天，我带上境远，去无锡一个著名书法家的工作室，请他用自由体，把"离婚是一件幸事"写成条幅。

境远质疑："离婚是一件幸事"，那么结婚呢？结婚是悲剧？

我说，结婚也是一件幸事。只有夫妻不合，才不妙；夫妻大不合，才是不幸，才是痛苦，才是该结束婚姻，脱离痛苦。结婚是得到幸福，是幸事；离婚是结束痛苦，也是幸事。

离婚，相当于剥离不良资产；再婚，相当于资产重组成功。

我对境远说："以后你结婚时，我会向你道喜，祝你夫妻生活快乐。哪一天，你离婚了，我也会为你高兴，贺你回归到快乐的单身生活。假如是你主动要离婚的，说明你不喜欢她了，离婚后，你可以去寻觅你喜欢的她；假如是她主动要离婚的，说明她不欣赏你了，离婚后，你可以去找寻欣赏你的她。不管何种情况，离婚均是好事！"

恩格斯，不愧为思想家！

境远说："对于我来说，结婚、离婚，都是遥远的事，是喜是悲无从感受。但我会记住恩格斯的那句名言。"

适度"旷课"

"旷课"是个贬义词吗？我不这样认为。我觉得适度"旷课"是可以的，当然要有理由。

听了我的这个观点，唐境远可开心了，问我哪些理由属于正当的。

我说，至少有三条：

一是身体稍有不适。哪怕身体不适不严重，医生那里开不到病假条，也可以学校不去了。一则，健康第一；二则，在家躺在床上、沙发上也可以看看书，学点什么，就是闭目养神，还可以思考呀，也有收获呀。此类"旷课"，无有害处。

二是跟着家长去旅游。上课是学习，行路也是学习，不是说"读万卷书不如行万里路"吗？旅游途中，见多识广。此类"旷课"，得大于失。

三是心情不佳，特别厌学时。读书是要有心情的，要有兴趣的。人去了教室，心不在焉，学习的效果几近于零。此时，不若"旷课"，去玩玩，去做喜欢的事，放松心情减减压，以利再"战"。

境远补充说，还可以加一条：若家人养病在家，我要陪伴左右、端茶送水，表达爱意，为此也可"旷课"。

境远问我，上述"旷课"老师批评怎么办？我说："那你就'虚心接受，坚决不改'！"

一念之长

一个周日，我和境远一起逛商场，发现一系列培养孩子一技之长的场所，诸如学钢琴、跳舞、绘画、书法等。

境远说:"许多家长除了逼着孩子应付分数教育,还要求孩子课外学点才艺,所谓一技之长。你作为家长,为什么不鼓励我学点一技之长呢?"

我回答说:"一技之长价值不大,不学也罢。凡是技的东西,千千万万的人都在学,都可以学有所获。人人都能学会的技术,就不稀奇了,最多可以找份工作而已,当然,很多行业还是需要工匠精神,把技术做到极致。

"一技之长,不若一念之长。那个牛顿,在苹果树下一念之下,发现了万有引力定律,为人类做了大贡献。我有个杭州朋友,在马路上一念之下,发明了在交通指路牌反面做广告,既美化了城市,又为企业盈了利,还为国家贡献了税收。我公司有个员工,前些年一念之下,建议我送一千个擦皮鞋机给商场,以获取在皮鞋机上做广告的权利,结果也是既做了公益,又产生了经济效益。

"如何才能有一念之长,一念之下便有所创新,从而有所成就呢?似乎以下四点非常重要:一是要积累知识,并融会贯通;二是要勤于思考;三是要打破框框;四是要有另类思维。"

境远说:"听你这么讲,一念之长比一技之长还难呢!"

我说:"是呀,所以有一技之长的人多,有一念之长的人少。你要迎难而上,立志做一个有一念之长的人。"

境远认真地说:"我努力吧,争取不辜负你的期望!"

活着的意义

众所周知,孔子是个教育家,他有弟子三千。他提问,让学生回答;学生提问,他来回答。这是孔子的教育方法。

我和唐境远之间,也有许许多多我问他答,他问我答。

"活着的意义是什么？"是境远向我提出的最大问题，还带有哲学意味。

活着的意义是什么？我没有从哲学书中去寻找，也没有请教过什么人，凭感觉，凭初步的思考，我以为：活着的意义，一是享受美好，二是创造价值。

享受美好，包括物质的和精神的两个层面。吃得好、穿得好、住得好、行得好，可谓物质享受。欣赏美景、欣赏艺术，获得知识，独立思考，友情亲情，谈情说爱，属于精神享受。

一个人有了物质和精神的享受，固然是好，但不是生命的全部意义，作为群居动物的人，还须去创造对人类有益的价值，或物质的，或精神的。不然的话，只有享受，没有创造，没有回报，你就欠了这个社会的，你就是个负资产。这样的人，生命的意义就打了个大折扣。

境远听完我对活着的意义的理解，陷入了沉思。良久，他说出："我要三分享受，七分创造，对社会多做贡献。"

幸福和美一样，不是这个世界缺少幸福，而是部分人类缺少对幸福的感受。

幸福不是梦

唐境远读伏尔泰的书，读到这样一句："幸福不过是梦，而辛苦才是现实。"

境远认为，伏尔泰的这句话太可怕了，如果真是这样，那活着还有什么意思？

境远想听听我对幸福的理解。

我说，梦有美梦，也有噩梦；现实中有辛苦，也有幸福。

大凡是人，都做过梦吧。有的梦还真美，身临梦中，自有幸福的感觉。可说幸福不过是梦，就不对了，幸福更多是在现实生活中。其实有一点，梦和现实是一样的，这就是：梦有美梦和噩梦之分，现实也如此，现实也由幸福和不幸组成。所以，说辛苦才是现实也不对。

为什么在有些人的感觉里，幸福全在梦里，辛苦全在现实里？是这些人人生的经历特别不幸吗？是社会对他们尤其不公吗？不是的。是他们看世界的眼光出了问题。他们是戴了黑色的眼镜看世界，在他们的眼里，世界一片黑暗，所以他们就悲观，他们看问题就绝对化。明明世界是黑白相间的，光明和黑暗共存，可他们只见一面，不见另一面，所以睁着眼睛的时候说世界是黑的，现实全是辛苦的；只有闭上眼睛，进入梦中，才发现另一面，即光明的一面、美好的一面。所以他们说，幸福不过是梦。

伏尔泰是作家、是名人，他的作品拥有一大批读者，用如今时髦的话说，他是有许多"粉丝"的。他成名成家，被人认可、受人尊敬，完全是在现实中，并非在梦中。如果心态好一些，乐观一点，这幸福感足够了，可他偏不承认，没感觉。这有什么办法呢！

有句话说得好：不是这个世界缺少美，而是缺少发现美的眼睛。幸福和美一样，不是这个世界缺少幸福，而是部分人类缺少对幸福的感受。幸福是客观存在的，洞房花烛夜是幸福，金榜题名时是幸福，有朋自远方来是幸福。作物丰收是农民的幸福，写的书畅销是作家的幸福，人人都有自己幸福的源泉和理由。幸福，我们不必到梦中去寻找，更不要人为地把现实中的幸福赶到梦里去。

还有一句话说："日有所思，夜有所梦。"这句话告诉我们，梦也是和现实紧密相连的。因此，我们只有在现实生活中多多创造幸福，多多思考幸福问题，才能做到梦里梦外都幸福。要是反过来，以为现实全是不幸和辛苦，悲观又失望，那结果只能是梦里梦外皆痛苦。

诚然，现实中确实有没完没了的辛苦，那又怎么样？这些辛苦正是我们获得幸福所付出的代价和成本。没有付出，哪来收获？没有辛苦，哪来幸福？

境远连连点头，似乎同意我的观点。

早读名著

9岁的唐境远识字很多，有能力阅读成人书了。新华书店的书品种数以万计，读什么好呢？

我以为，应该早读名著。

这里说的名著，指的是特别优秀的文学作品。这里的早读，不是说早晨起来读书，而是说孩童时年少时就要读。

读文学名著的好处，不言而喻。我想强调的是，文学名著不仅要读，而且要读得早，从小就要读。这是因为，文学名著里的"营养"，适合年少的人吸收，长大以后可以复读，进一步感悟和领会，可假如少年时不读，待世界观形成后的中青年甚或年老了再初读，则为时已晚。恰如那农作物，倘若错过了最佳施肥期，到了即将收割时再去施肥，则效果几近于零。

学数学，学哲学，晚一点没事，也许年长些理解力强，社会阅历多，更能学好。而文学不一样，文学源于生活高于生活，文学的美、文学的善、文学的真，需要敏感的神经去感悟，需要天真的灵魂去追寻。而敏感和天真，正是儿童和少年的特质。所以，文学更能影响年轻人。

名著——优秀的文学作品，都是宣扬真善美的。这样的书，早读早得益，早读多得益。为什么书香门第容易出德才兼备之人，书香门第有名著，里面的人早读名著，不能不说是一个重要原因。

名著，无一例外地不仅内容好，而且文字也好。早读名著，可以让一个人从小有对美好事物的向往，有审美能力，从而优雅而高贵，远离粗野低俗。文学是人学，名著是优秀的人学。早读名著，可以帮助我们懂得人心，理解人心，进而提高情商。早读名著，还可以提高文字理解和表达能力，从而为学习其他学科打下好的基础。

我为境远开了一份中外名著书单，计20多本，让他先读起来。可喜的是，他有兴趣读。有兴趣，就会持续读下去，就会得益匪浅。

你要被需要

唐境远问，如何才能成为一个受欢迎的人？

我说："被需要。"

"在家里，家人需要你的亲情。走上社会后，朋友需要你的友情；恋人需要你的爱情；假如你做员工，老板需要你为单位做出贡献；倘若你是老板，员工需要你的工资和栽培；合作伙伴，需要你的诚意和能力；客户需要你提供物有所值的产品和优质服务。当你不被需要的时候，你就不受欢迎了，就被边缘化了。

"为了被需要，你必须做到两条。一是你乐意被需要，二是你得有被需要的实力。比如，朋友需要你的友情，你首先得有真情，其次得有行动——朋友有事要帮，有难要助。比如你的产品和服务，不仅主观上要为客户着想，客观上也要让客户得益、满意。

"一家企业，做不到被客户需要，结果是倒闭。一个人，做不到被需要，则孤苦伶仃：朋友走了，情人远去，甚至伴侣分道扬镳。

"被需要，不仅指物质上的、利益上的，而且包含精神上的、情感上的。"

最后我对境远说："让自己可爱，让自己有用，对别人好一点再好一点，你就会被需要、受欢迎。"

说话艺术

唐境远的问题真多，什么都要问。有一天又问我，如何才能提高说话的艺术呢？

这个问题好大，真要回答，得写一篇论文了。

不如讲个故事让境远听听吧。这个故事是前几年我昆山的一个朋友讲给我听的。

有一次,他去一家养生馆养生。为了卫生,也为了按摩的效果,养生馆让客人换上馆里统一的服装。

他有点胖,馆里递给他的衣服有点"瘦",他穿着不合身。他要服务员换一件合身的衣服。

女士听话,去取,可翻遍仓库里所有服装,硬是找不到大一号的,便怏怏而回。他不接受店里没有他合身衣服的事实,严词要求她重新去找,且一定要找到。

无奈之下,她灵机一动,带着哭腔委屈地说:"皇上,臣妾做不到啊,臣妾真的做不到啊!"

听闻此话,我朋友他笑了,开怀大笑,周围的女士、先生也大笑。

大家都笑了,纠纷自然迎刃而解。

听完故事,境远也笑了。

我相信,凭境远的悟性,他会通过上述故事领会到,说话艺术没有固定的模式,时间、场合、对象不同,统统关系到说什么话,怎么说?正面说,还是侧面说?笑而不语,还是以笑代言。

论合群

自唐境远懂事起,我对他最多最大的忠告是,希望他学会独立思考,形成自己的理念,不要人云亦云,不要随大流。

境远新近向我提出这样一个问题:假如独立思考后,自己的想法跟大多数人不一样,成了另类,导致不合群怎么办?

显然,他有点把一个人有独特的理念和合群对立起来了。

我告诉境远，只要做到有理念而又温和，对不同意见者人格尊重，不咄咄逼人，你的另类思维就不会影响你合群，不会让你成为孤家寡人。比如，你内心里重内容轻形式，不在乎过生日之类，自己的生日庆祝活动免了，但同学、朋友过生日请你赴宴，你可以乐意接受。

　　人是感情动物，人与人之间在乎的大多是你对他（她）态度怎么样，有无利益冲突，至于你看问题的角度，别人一般看得比较淡。

　　我还告诉境远，我的外公、我的母亲，都是善于独立思考、大有另类思维的人，但因为对人友善，人际关系照样挺好的，没有一个私敌。

　　凭我个人的经验，一个温和的人，一个善良的人，假如较有思想，较有独立见解，不但不会不合群，反而会更加受人尊敬，从某种意义上讲，这样的人更"合群"。

　　我让境远坚信，独立思考，理念坚定，不做盲目地跟着领头者跑的羊，你就有希望做领头羊，领风气之先。

　　领头羊不合群吗？答案是否定的。

良知与认知

　　唐境远还是个小学三年级学生，却老是向我提一些成年人关注的问题。有个周末，他要我回答有关良知和认知的问题。

　　境远：何为良知？

　　我：良知就是向善之心、平等之心、宽容之心。

　　境远：何为认知？

　　我：认知就是识别善恶、是非、真伪的能力。

境远：良知重要还是认知重要？

我：良知和认知都重要。一个人首先要有良知，有了良知，至少不会主动去作恶。但光有良知而无认知，就无识别能力，往往会上坏人的当，不知不觉中成了邪恶的帮凶。一个没有良知的人，有了认知也没用，他们不是笨而是坏，以自身利益为重，颠倒黑白和是非。

境远：良知从何而来？

我：良知是天然的吧，好像也学不来，有了，保持就好。

境远：如何提高认知能力？

我：独立思考，相信常识，讲究逻辑。

境远：世界上有良知的人多，还是无良知的人多？

我：有良知的人多。这是人的世界的希望所在，光明所在。

境远：世界上认知能力强的人多，还是缺乏认知的人多？

我：认知有问题的人多。这才使得这个世界尽管前途光明，但道路一定曲折的缘故所在；这才使得有时正不压邪、恶人当道。

境远：有良知又有认知的人如何作为？

我：一方面不断提高自己的认知，一方面积极传播自己的认知，让更多的人明是非、识善恶。

偶尔发发呆

我家在湖边的房子装修，请了个中国台湾的设计师。在他的强烈建议下，做了个面湖的发呆房。发呆房里除了一个可转动的单人沙发，空空如也。

每每疲乏时，或无聊时，坐在发呆房的沙发里发发呆，颇有舒适感，是一种很好的休息。发呆的时候其实并不呆，往往还会跳出一些灵感，这些灵感冥思苦想、深思熟虑出不来，只有在身心放松的状态下才从天而降。

偶尔发发呆，还真有好处。其实，不仅成年人需要发呆，儿童也如此。

一天，几个好友晚饭后相聚聊天。正当聊得兴头上，其中一个急着起身要走，说是6岁的儿子在校外学堂学绘画和钢琴，要去接。

有个女性教育家新近在电视台评论说，如今许多家长把孩子学习的时间排得太满了，如同一根橡皮筋拉得太紧会没有弹性，孩子没时间玩，长期不放松，会丧失学习兴趣的，会扼杀创造性。上述那个才6岁的孩童，白天要去幼儿园接受教育，晚上还要去学所谓的才艺，实在是太苦了。说得严重一点，是对孩子身心的摧残！

孩子，还是要让他多玩玩，偶尔发发呆。

我对境远说："学习、玩耍之余，不妨偶尔发发呆。"

境远坐在发呆房沙发上远望着窗外一片湖面发呆的神态，有点哲学家的模样。

活在明天

唐境远问我，有人说"活在当下"，这话对吗？我说不对。针对这个问题，我特意给他写了封信。以下是信的内容：

好些人说，"活在当下"。我发现，说活在当下的人，都是活得不好的人。

当下，便是昨天的明天。今天的好日子，不是天上掉下来的，也不是做梦做出来的,而是昨天创造出来的。那些活在当下的人,他的昨天也是活在昨天的当下的,并没有为明天做准备,为明天而努力,为明天做铺垫,所以到了当下,他没有过好日子的条件和基础,他是活不好的。

活在当下,就是做一天和尚撞一天钟,就是消极,就是今日有酒今日醉,就是没有希望和目标,就会生活质量每况愈下。

而活在明天的人,充满了对未来美好生活的希望和期待,这希望和期待,本身就会带来心灵的充实和快乐。从这个意义上说,活在明天,已经过好了今天,过好了当下。

活在明天的人,可以激发自己创造的热情。在创造的过程中,人就进化了,就会走向完善,所谓创造是最好的修行。创造,更是一种快乐。

活在明天,还是一种积谷防荒。活在明天的人,注重积累,既积累物质财富,又积累在奋斗中炼成的智慧和能力。

活在明天,明天的当下你才有活得好的可能。活在明天,才能活好今天。昨天是因,今天是果;今天是因,明天是果。

野蛮其体魄

有句经典的话,叫作"文明其精神,野蛮其体魄"。

少年时,为了野蛮自己的体魄,我主要力行三点:跑步、游泳、爬山。

这三点对增强体质效果甚好,易感冒的问题也解决了。

跑步,就是快速前进,就是进取。长期跑跑步,会有一种争取进步的心态。

游泳,是一种全身运动,也是一种搏击。常常游泳,可以培养拼搏的精神。

爬山,可以登高,登高可以望远。在山顶上,你会开阔视野和心胸,抓大放小。

如此说来,跑步、游泳、爬山,不仅是野蛮体魄的需要,而且是利于文明精神的。

我把跑步、游泳、爬山的好处说给唐境远听,还常常陪伴他参加这三项运动。

幼小时的境远体弱多病,如今的他四肢肌肉多多,体形健美,生动活泼。不能不说,跑步、游泳、爬山,起了重要作用。

我和境远的经验是:四肢发达不会造成头脑简单,恰恰相反,"野蛮的体魄"利于心理健康,利于"文明其精神"。

有限信任

唐境远在新华书店买了本《名人名言》,对古希腊哲学家、科学家德谟克利特的一句名言有疑问。

德谟克利特说:"不应该信任任何人,而应该仅仅信任那些已经证明可信的人。"境远要我对此话做出评论。

我以为,一个人是否可信,是无法证明的,能证明的只是他过去的所作所为。德谟克利特上述的那句话,上半句和下半句都说错了。

人是群体动物,是社会人,这就决定了人要和人打交道,要语言沟通,要表达爱意,要利益交换,而这些都要跟信任挂钩。如果世人都不可信,那就不会有社会了,就如老虎一样一山不容二虎了。

"应该仅仅信任那些已经证明可信的人",这样的结论倒是不可信的。因为在社会环境中人是会变的,以往可信,不等于现在可信,现在可信,不等于将来可信。

那怎么办呢?对人是信任好,还是不信好?我的想法是,不要对任何人不信,也不要对特定的一个人全信,哪怕这个人过去是讲信用的人。因此,不若提出"有限信任"这个概念。有限信任可以容纳所有人,包括陌生人,包括过去不讲信用的人,包括过去一贯讲信用的人。

就像没有绝对的好人也没有绝对的坏人一样,生活中没有绝对可信的人,也没有绝对不可信的人,只有程度不同。如何来测定这个程度?还是那句话,"听其言,观其行",而且要长期这样做,跟踪一辈子。在生活过程中,不管什么人,亲人也好,生人也好,朋友也好,敌人也好,统统给予有限信任。

境远调皮地说:"我知道了,以后对高鸣兄也有限信任。"

养成思考的习惯

境远对我说:"爸爸要我养成讲卫生的习惯,妈妈要我养成整理物品的习惯,老师要我养成当天完成家庭作业的习惯。你要我养成什么习惯呢?"

"我特别希望你养成思考的习惯。"我说。

"如何才能养成思考的习惯呢?"境远问。

我答:"凡事要问为什么,质疑一切。"

人与人之间,为什么和为贵?为什么人类要善待自然?为什么民主比专制好?为什么市场经济比计划经济好?为什么自由像空气一样重要?为什么多行不义必自毙?为什么失败是成功之母,成功也是失败之母?为什么没有永动机?为什么离婚是一件幸事？脑子里问题多了，而且都不是鸡毛蒜皮的小问题，差不多思考的习惯也就养成了。

质疑，恰恰是思考的起点。一味信书本、信教条、信权威、信经验、信大多数、信约定俗成，还哪来的思考？

地球是方的观点，一时是人类的共识，后来古希腊数学家、哲学家毕达哥拉斯质疑之，思考之，研究之，终于得出地球是圆的科学论断。

不问为什么，不质疑，哪来思想？没有思想，哪来社会进步？

养成思考的习惯，是最重要的。

绿叶虽好，还要红花点缀

晚10点，境远来电："高先生，你上次有句话，说什么绿叶虽好，还要红花点缀。你能详细说说理由吗？"

我说："好呀，我来说。"

人们习惯于说："红花虽好，还要绿叶相扶。"在我看来，绿叶是主要的，红花是次要的。所以该是："绿叶虽好，还要红花点缀。"

从数量上来说，绿叶大大多于红花。

从生命力来说，绿叶强于红花。有四季常青的绿叶，没有天天开放的花朵，所谓好花不常开。

与花比，绿叶多且更有生命力，就对生态环境有利。绿叶呼出的是氧气，人体需要它；而花粉，使人过敏。

当然，花有花的美丽，让人赏心悦目。我无意攻击花朵，只是觉得与绿叶比，它逊色一点、次要一点，只能当点缀，当配角，当不了主角。

我不喜欢"红花虽好，还要绿叶相扶"这句话，此话把花抬高了，抬到了高于绿叶。这是不公平的，我为绿叶鸣不平。

生活中，本末倒置的事，次要高于主要的事，似乎还不少。比如说，业主的权利应该高于物管部门，可有些个物管，不是服务于业主，而是滥用职权，欺负业主。

绿叶不是次要的，业主不是次要的。次要的是花朵，是物管部门。

听完我说，境远在电话那头哈哈大笑，好开心。

仰望星空，会开阔心胸，从长远计，从大处看，不会小肚鸡肠，计较一时的得失。

对孩子多一点依赖

毫无疑问，儿童是要依赖成年人的，不然的话，根本无法生存。

成年人能否对儿童有所依赖呢？大多数的人或许会投下反对票。

我的观点是，对孩子可以多一点依赖。我是这么想的，也是这么做的。一个周末，唐境远来我办公室玩，我想吃巧克力、旺旺雪饼，我会让他去附近的商店购买。睡前，我要喝咖啡，我会请他帮我烧开水、冲泡。

有一次，境远邀我参加他一个同学的生日宴。我和他导航去那家酒店，可汽车到了目的地，我俩下车后找不到酒店的所在。这时候，我省得费心，照例依赖他。只见他一手拿着一包送同学的礼品，一手拿着内有酒店名称的手机，找路人，找附近其他店的员工，反复询问，当问到第八个人时，方才得到可靠的指点。事成后，他露出了成功的喜悦。

此情此景，使我忆起在国际机场常见的一幕：一对夫妻拿着大行李在前边走，一个小孩拖着行李箱在后边追。显然，这对成年人没有一切让孩子依赖父母，而是让孩子做力所能及的事，依赖孩子为家长分担一些事情。

对孩子多一点依赖，让他们多为家长做点事，既可以减轻大人的劳累，又可以培养孩子为人处世的能力，还可以让他们养成关爱家长、乐意被家长依赖的习惯和美德。一举三得，何乐而不为？

立志要早

数年前，我去温哥华一个华人家里做客。主人的儿子12岁，长得英俊，说话间表现出高智商、高情商。他亲切地叫我"叔叔"，热情地递上茶水，还削了一个苹果给我。

趁着他爸去旁边接电话的空隙，他向我开口："叔叔，你能捐我500加元吗？"

"说说你的理由呢。"

"因为我立志今后竞选加拿大总理，从现在起我就在做准备，为这个国家做好事、做贡献。比如，一年以后，冬奥会在温哥华举办，我计划赞助国内所有参赛运动员比赛时穿的服装。这样，若干年后竞选总理时，我可以对选民说，自己年少时就为国家有所奉献。而做类似的事，需要钱，所以我在募捐。"

我内心里赞赏这个有志少年，自然掏腰包给了他500加元，请他笑纳。

事后得知，这个孩子果然委托他妈来无锡一家服装厂订制了那批运动服。

我相信，这个心比天高的少年，日后即使当不了总理，也能当个省长、市长什么的。

我把这个真实的故事讲给唐境远听，他立马回复："我长大后才不想从政呢，那些官职送给我，我也不要。"

"那你的志向呢？人总要有志向的呀，而且立志要早。"

他认真地说:"我想当发明家,尤其想发明人类长寿、永生的灵丹妙药。这样,我俩就能永远永远在一起;人类就可以远离死亡的恐惧。"

他又补充说:"现在已经有了测谎器,打击那些说谎的人。我以后要发明测道德的仪器,让那些损人利己者显出原形,从而回头做个好人。"

立志要早,才能早做成功的准备,积蓄能量;才能积极向上,朝着美好的目标奔跑。

仰望星空

在仰望星空的时候,我宁静而思维活跃,想得很多很多,也体会到仰望星空的种种好处。

仰望星空,会开阔心胸,从长远计,从大处看,不会小肚鸡肠,计较一时的得失。

仰望星空,会活跃思维,跳出框框,创新认识,灵机一动。

仰望星空,会愉悦心情,对开心的事更敏感,对不顺的事减烦恼。

我想不通,为什么有些人失恋了,或受了别的什么打击,会去酒吧无节制地喝酒解闷?不是说,借酒消愁愁更愁吗?

久久地仰望星空,才是解愁的好方法!

己所欲,施于人。我喜欢仰望星空,自然引导唐境远也多多仰望星空,从中得益。多少个晴空万里、月色美妙的夜晚,我带着他在五里湖边的亭子里坐着,静静地仰望星空。

有一次,境远对我说:"好神奇啊,看着星空,心里好舒服,白天在学校的无趣和苦恼一扫而空……"

我欣慰：境远跟我一样，喜欢上星空了。我相信，在往后漫长的岁月里，他不会去酒吧，而会时不时地仰望星空。

身在苦中要知苦

中国家长关注孩子的分数，在意孩子的考试成绩。以色列家长关注孩子的思考，常问孩子："今天有没有向老师提问，提了什么问题？"

境远不向老师提问，他想提的问题，老师大约也不愿回答。他常向我提问，一次又问我："有人说，身在福中要知福。那么，生在苦中要不要知苦呢？"

我的回答是肯定的。

现实生活中，好多人还是蛮苦的：收入不多，除了温饱所剩无几，按揭买房要还贷，成了房奴；生了孩子费用高，成了孩奴；病也生不起，一病成了医奴……

很多人活着累，活着苦，很是可悲。更可悲的是，他们中有那么一些人，还身在苦中不知苦，岁月静好挂嘴边。

凡事总是有原因的，身在苦中不知苦，原因何在呢？

一是身在苦中日子的时间太长了，麻木了，习以为常了，恰如温水里的青蛙。

二是身在苦中的人兴许比过去的日子好过些了，吃饱了，穿暖了，所以耐苦。

三是缺乏横向比较。比一比，苦甜分明；没有比较，便没有感觉。

四是认命。有些人吃苦，不怪自己，也不怪社会，完全归之于命中注定。认命了，苦味自然会淡一些。

五是被洗脑了，被忽悠了。有些人把心灵毒药当鸡汤喝，喝多了，就傻了，真以为"只要心态好，什么都好"，甚至向阿Q学习，采用精神胜利法，把苦说成乐。

身在福中要知福，知福才能惜福，才能想方设法让福持续下去，从小福走向大福。同样，身在苦中要知苦，知苦才能反思，才能找到造成苦的主客观原因，对症下药，脱离苦海。

身在苦中不知苦，就会苦海无边。脱离苦海，从知苦开始！苦，是社会不公造成的，就去讨回公道；是自己不努力造成的，就发奋努力。

境远说："我物质上不苦，可是当下的分数教育让我苦不堪言，让我厌学，这是不良的教育制度造成的。我一方面，呼吁教育改革；另一方面，不把分数当回事，为自己减负、减苦，多看喜欢的课外书，多思考，多玩耍。"

做布鞋式的男孩

女儿从加拿大带回来一双布鞋，我穿着舒服又美观，很是喜欢。细细品味，觉得优点多多，朴素、简约、低调、谦虚……

我有个同学正好是做布鞋的，我让他替境远定做了双布鞋。我希望境远做布鞋那样的男孩。

我对境远说，布鞋的优点，恰恰是人应当具备的品质。庄子云："朴素而天下莫能与之争美。"朴素的美，是最本质的美。山是朴素的，水是朴素的，花是朴素的，草是朴素的，大自然是朴素的，所以山山水水花花草草乃至整个大自然都是美的。一个人朴素了，就接近本质，就聪明，就明理，这样的人活得轻松，别人看了也舒服。

简约,也是美好的。你看那明式家具,线条分明,简而不繁,约而不杂,给人一种清晰感。而那清式家具,雕工繁杂,花了功夫买难看,看了就心烦。有人如明式家具,简单而透明,容易亲近。有人如清式家具,喜欢简单问题复杂化,纠结自己,麻烦别人,使人讨厌。

低调和谦虚,也是美德。人与人相处,你高调、骄傲,别人就会不喜欢你,孤立你,让你没好果子吃。

我对境远说:"你不仅自己要做布鞋那样的男孩,以后找女朋友,找婚配对象,也要找布鞋式的优质女孩。"

境远说,也只有优质的女孩,才会喜欢布鞋式的男孩。

奖励身边好人

唐境远曾问我,做不做慈善?我回答说:"可以说不做,也可以说做。"他追问,怎么说?我答:"说不做,是因为我从未向慈善机构捐过一分钱、一件物。说做,是我常常用钱奖励身边的好人。"

我举例说:"比如,我去理发店洗头、剪发,遇到的理发师服务态度甚好,又相谈甚欢,我会在付钱时多给10元、20元,算是奖励,也是表达善意。比如,我乘坐出租车,司机给我的印象良好,我也会在付费时多给一点,通常是付个整数,无须他或她找零了。我觉得开出租车太辛苦了,司机还能任劳任怨,值得奖励,值得我发发善心。"

我还对境远说:"世界上需要帮助的人太多了,我们没能力从物质上帮助大量的人,但我们可以有选择地资助一些身边的人,而选择的标准是,我们觉得这个人是好人,经济上又不宽裕。"

听我这么说，境远虽一言不发，但频频点头，若有所思。

后来，境远向我表态，他要把自己零花钱的一半，用于奖励他遇到的需要帮助的好人。

境远是一个懂得省钱的孩子，买个玩具都要货比三家挑便宜的，却愿意拿出自己并不太多的零花钱，奖励自己认定的需要帮助的好人。

我大大地表扬唐境远，夸他有可贵的善意、良知。

陌生人问题

和境远一起，从北京乘高铁回无锡。每一站开车时，列车播音员照例会提醒乘客："不要吃陌生人的东西，不要把手机号码告知陌生人，不要跟陌生人讲话。"

"陌生人是老虎吗，那样可怕？"境远质疑，要我就此发表看法。

我的看法：列车员当然是好意，当然是为乘客的安全着想，兴许曾在列车上发生过吃了陌生人的东西而迷幻，被骗走钱财的事；兴许曾有乘客仅仅给了陌生人一个手机号码，过后就上当受骗。

被陌生人欺骗的事，不光列车上有，其他场所也不鲜见。

可是，严重到陌生人都是疑犯，陌生人可怕，不可与之交往，哪怕说说话、交换一个电话号码都危险重重吗？我看未必。

生活中偶有碰瓷的，一经媒体报道，便成了普遍现象，吓得好多人不敢救助马路上的摔倒者。

陌生人中有不可靠的，马路上摔倒者中有碰瓷的，这些虽然不美好，但并不可怕。可怕的是，我们过度敏感，并影响到实际的行为。

　　陌生人绝大多数没那么可怕，如果连说说话都不敢，安全倒是安全了，可也少了人与人之间的温暖，少了交上朋友互惠互利的机会。

　　再说那碰瓷，肯定是小概率的，而那摔倒的人需要帮助，则是确定无疑的。一个社会，如果普遍见难不帮、见死不救，那才是可怕的。我们每一个人，可能今天是有能力伸出援手的人，明天就可能是需要援手的人，大家明哲保身，大家自私，最后倒霉的也是大家。

　　对于陌生人，对于看起来需要帮助的人，我们要的是识别能力，而不是一概远离。

　　人是群居动物，人是情感动物，不论在哪里，还是跟陌生人说说话、聊聊天吧，说不定就交上朋友，说不定就互为贵人了。

　　"不要把手机号码给陌生人，不要跟陌生人说话。"列车上这样的提醒是好心办坏事，是过虑了，会坏人心情。

　　陌生人没那么可怕，把陌生人一律看成危险分子，才是可怕的！在陌生人眼里，我们也是陌生人，彼此不信任，多不舒服呀，多寒心啊！

　　建议高铁取消上述那些对乘客的"提醒"！

一位法国市长如是说

　　一个人的价值，很大程度上取决于这个人的价值观。培养孩子的价值观，靠说教不是好办法，不若讲个好故事。

　　故事发生在法国一个名不见经传的小城市。

一位市长接受四名媒体记者的访谈。前三位记者分别就市民普遍关心的热点问题请马市长作答，马市长平易近人，微笑着用朴素而明快的语言一一作答。

轮到第四位记者，他向市长先生提出了一个别出心裁的问题："我注意到，前面三位记者刚刚对你的称呼各个不同，分别是马市长、市长先生和马先生，我想请问你更愿意别人如何称呼你？为什么？"

市长听后爽朗地笑了，不假思索地说："我更喜欢别人称我马先生，因为这是对我的人格尊重，而不是对我职务的尊重。我马先生永远是马先生；而市长是有任期的，选民不喜欢，还可以让我提前下台。当然，你们当下叫我市长先生我也能接受，因为作为男士的先生两字还包含在里面。而称我马市长，我听了就有点别扭，怎么当了市长，称呼里先生也不见了？每一个人，都希望得到别人的尊重，但只有人格尊重才有价值和意义，那种职务尊重似有拍马屁和官民不平等的味道，是奴隶社会和封建社会的产物。假如职务称呼合理，那假如我是一个环卫工人，你们会称我'马环卫工人'吗？"

马先生的一番话，引来四名记者热烈的掌声。

境远听完，当即表示：自己如果以后当了记者，有觉悟、有勇气提这样的问题。

因果关系

关于因果关系，我有点想法，意欲供境远参考。

有些事一因一果，比如把一块石子抛进河里，必定水花四溅；

比如从高楼跳下，无疑死伤。

有些事有因未必有果，比如买了彩票，中奖概率不高；比如努力了，成功还是未知数。

有些事多因一果，比如得肺癌，抽烟是因，空气不佳是因，遗传基因也是因。

我对境远说，知悉了因果关系，好处多多。首先，在一因一果的事情上，不会有侥幸心理，可以好事尽量去做，坏事绝对不做。其次，在有因未必有果的事情上，可以成了欣慰，不成则坦然。最后，在多因一果的事情上，可以好事集其众因，坏事有因必除。

我对境远说，善，未必有善报，但还是要善，因为不是为善报而善；恶，未必有恶报，但依然不可恶，因为不是怕恶报而不恶。努力了不一定成功，但依然要努力，因为不努力，肯定不成功。

境远聪慧，对我说："你虽然说得理论化了些，但我还是领会了、理解了你的用意。"

极度专注才是诀窍

唐境远问："世界上有许多成名成家的人，他们有什么共同点呢？有什么诀窍呢？"

我说，对所从事的工作极度专注，就是他们的共同点；极度专注，才是诀窍。

为了让境远加深对极度专注的认识，我带着他去见一位宜兴的制壶大师，他的一件作品价值数万元。我夸他有天才，他否认，他说，他之所以能有今天的成就，源于自己30多年对制壶极度专注。

我又带境远去见无锡一位颇有名气的女作家。我赞美她的长篇小说写得好，向其讨教。她说，每写一部小说，她会用半年时间沉浸其中，极度专注，好像自己就为这部作品活着。

我告诉境远，只有极度专注，搞艺术的，才会成为艺术家；搞科研的，才会成为科学家；搞企业的，才会成为企业家。

人与人之间，智商的高低差别不大，每个人的时间和精力也相差无几，为什么有些人一辈子平平庸庸，有些人成就非凡，原因不在于天时，不在于地利，不在于机遇，恰恰在于对所从事的专业是否极度专注。

记得有一年的高考作文是看图作文，画面上有个人挖井挖了七个坑，均未见一滴水。其实，水就在每个坑的下面一薄层，他只要专注一处深挖洞，便是井。可惜他浅尝辄止，结果功亏一篑，一事无成。

好多人，不可谓不努力，问题在于精力分散了，不知道"劲往一处使""伤其十指不如断其一指"的道理，以致吃力不讨好，吃力无效益。

正反两方面的例子告诫我们，极度专注才是最大的诀窍！

听我讲话，境远极度专注！

植物的智慧

在新华书店，境远挑了本《科学漫画》，要我也为他选一本，我替他选了《植物的智慧》。

《植物的智慧》，成年人看看也得益。

有一种树，很是讨厌寄生在它身上的一种虫子，可用自身的力量无法解决虫子问题。于是，它就分泌一种可口的汁液，诱惑鸟类前来美餐；鸟是喜欢吃虫子的，免费喝了树的汁液，同时为树效劳——吃了树上的害虫。

这种树的智慧还不止于此。有的鸟发现，树上的汁液比虫子好吃，便只喝汁液不除虫。面对新的问题，树想出并实施了新的谋略——分泌一种毒液，让在树上只知索取不尽义务的鸟中毒而死。

植物的智慧告知我们，植物与动物应该是共生共存的关系，应该做互惠互利的事，合作不公平，就合作不下去，甚至会被对方杀死。

植物与动物的关系如此，人与人的关系更是如此。商人与客户打交道，也是共赢为好，一方保质保量供货，一方给予适合的利润，皆大欢喜。执法者与被执法者碰上了，也是情与法兼顾，愉快配合为好。比如交警执法先敬礼，态度温和，被处罚者和颜悦色无怨言。

植物、动物、人类，一切生物，都是有智慧的，异类之间，同类之间，均不可自作聪明，低估了对方的智慧和力量。对别的生物，包括同类的人以及动物和植物好一点吧，为了自己，也为了他们和它们。

后来，境远告诉我，《植物的智慧》真有意思，好看，他看了两遍，不仅长了知识，而且深受启发。

随缘，是个伪命题

好多人喜欢说"随缘"，境远也问我，何为"随缘"？我认为，随缘，是个伪命题。

一个朋友过50岁生日，我应邀出席。席间，主人讲了几个"随缘"的故事。

25年前,他与一美女恋爱,发展到谈婚论嫁时,发现美女在与另一先生恋爱——俗称"三角恋爱"。他要美女快快做出抉择,美女如是回答:"随缘吧!"

3个月后,美女明确表态,选择了那个先生,劝我朋友坦然接受"随缘"的结果。

又过了2年,朋友又与一姑娘恋爱,两人相处甚欢,可因为媒人帮这位姑娘介绍了一个多方面条件都超越他的"男方",姑娘婉言对朋友说:"我们缘分不够,分手吧。"

朋友第三次恋爱,恋爱对象是眼下的夫人,他俩相互欣赏,互为粉丝。当他向她求婚时,她欣然点头,说:"我接受你的爱,我随缘了。"

说完"随缘"故事后,"知天命"的他总结说,恋爱分手明明是对方的选择,却以"缘分"为借口;从恋爱到成婚,也是情到深处或权衡得失之结果,与"缘分"无关。相识,马马虎虎可称为"有缘",恋爱、婚配,分明是地地道道的选择。所谓"随缘",托词而已,假假的。

生日朋友的故事及对"随缘"的点评,引来热烈而持久的掌声,给这个生日宴平添了欢快的气氛。

境远点评:随缘是伪,选择是真。

知虚者强

我和境远之间没有秘密,他知晓我的手机密码,随时可以观看我手机里的内容。

一次,境远在我的手机里看到一段我与一女子的对话:

"你不仅漂亮,而且聪慧,前路美好。"

"你过奖啦,我真是感觉惭愧得很。"

"你的优秀,包括了你的谦虚。"

"谦虚是真的很虚。"

"知虚者强。"

……

境远问我:"为什么知虚者强?"

我告诉他:"知虚,就是知道自己的不足和虚弱处,就是有自知之明。一个人知晓自己的虚,就不会骄傲和自大,就会听得进别人的批评和建议,就会去阅读,就会去思考,就会去学习别人的长处,就会去实践,就不会犯重复的错误,就会让自己变得越来越好、越来越强。"

我对境远说,微信上与我对话的那个女子,我熟悉好多年了,我是看着她这些年许多方面的进步和向好,才夸她聪慧和预判她前路美好。

她说"谦虚是真的很虚",让我看到了她长进的原因,并感觉她日后会变得更强。

把上面的话说给境远听,是希望他永远知虚而谦卑,做个谦谦君子,成为强者。

交三五知己

境远跟我讲,全班二十几个男生,有一半喜欢跟着他玩。他很得意。

我对他说,长大以后,你会发现,现在跟你一起玩的,留下做朋友的会少许多,成为知己的则更少。人生,需要交三五知己。

交知己,似乎一个不够。鲁迅说,"人生得一知己足矣",

那是极而言之的话。知己，无须多多益善，也无法成群结队，三五知己，恰好！

三五知己，情感所需。人生几大情，爱情、亲情、友情。亲情，除了爱情转化而来的，都是天注定，无从选择。爱情，神秘莫测、变化多端，择也难，留也难。唯有友情、知己，既可选择，又可久留。三五知己，足保你不寂寞、情可寄、心可安。

三五知己，交流所需。人是特别需要交流的动物，思想要交流，情感要交流，知识要交流，技能要交流，信息要交流。与谁交流？话不投机半句多，自然是与知己交流，话逢知己千句少。交流使人快乐，交流使人进步。

三五知己，互帮所需。人类之所以比狮子老虎强大，是因为人类善于合作，懂得互帮。互帮取决于相互信任，而知己，恰恰是最可信的，因而也是最容易相互帮助的。一个好汉尚且需要三个帮，何况凡夫俗子？

三五知己，既然如此重要，那么我们就要如同找婚配对象，如同找心上人一样，寻寻觅觅。

交三五知己，是我们生活快乐、成长进步、事业有成的重要保障。

境远认真地对我说："但愿我们永远做知己！"

看病友

我的一个好朋友病了，病得很严重。朋友情深，我几次三番去看他，有两次，特意带上境远。

境远熟识我这个朋友，见到长得英俊、精神饱满的他被病魔折磨得体瘦、虚弱，与昔日判若两人，深感人生无常。

哲人说，人的两只眼睛，一只用来欣赏美好，一只用来见识"不如意"。

孩童，在家庭的呵护下，日常生活无忧，所见所闻光明面多，阴暗面少，更无挫折感、风险感。

我带境远去看看病友，正是为了让他感受"人生不如意事常八九"，从小对人生的艰难有所感悟和心理准备。

见多了人生的"不如意"，才会珍惜快乐的时光、幸福的生活、宝贵的爱情友情和亲情。

在陪我看病人的过程中，境远还目睹了人与人之间的温情，或许更能懂得人是情感动物，情感为上，不可或缺。

每每和我一起见过重病之友，境远总是心情沉重。见他那样子，总有长大了些、成熟了些的感觉。

只有想法对了，智商和能力才有意义，才有用武之地。

想法比智商和能力更重要

一次，我给境远上了一堂关于想法的课。以下是课文内容：

人与人的差别，其实不在智商和能力，而在想法。

想法，就是思想方法，就是看问题的角度。想法，决定方向和目标。

只有想法对了，智商和能力才有意义，才有用武之地。倘若想法错了，方向和目标错了，智商和能力只会起副作用，只会让你在错误的路上走得更远。

生活中，承认自己智商不高、能力不够的人普遍得很，却几乎找不到一个意识到自己的想法有问题的人，明明错了，还是"我以为"。

学校里只教知识，不教想法；师傅只教技能，不教想法；家长只教做人，不教想法。所以这个社会，有知识有能力的人多，有独立思想、有良好思想方法的人寡。监狱里关的人，那些刑事犯，论智商和能力，并不低于人类的平均水平。他们的问题，就是出在想法上。比如他们想不劳而获，去偷去抢去骗，无论智商和能力怎样，结局总是凶多吉少。而那些成功人士，首先是因为想法对头。比如有当企业家的想法，加上好的方法，加上努力实践，成功就大有希望。伟人的伟大，在于思想方法的伟大。

成也好败也好，想法总是第一位的。孙中山先生说得好："知难行易。"想法问题解决了，知的问题解决了，行动就不难，成功就不远。

建议创办"想法学校"，专门教学生如何思考，如何透过现象看本质，如何从不同角度看问题，如何具体问题具体分析，既不教条主义，又不经验主义，如何突破思维定式，海阔天空去创新。

想法是纲，纲举才能目张。没有好的想法，智商和能力的作用几乎为零，甚至是负数。

靠人的四个要素

一个周末，境远又和我一起度过。照例，他又提问："常有人说，靠别人是靠不住的，只能靠自己。此话对吗？"

我答：每每听闻此话，我都不以为然。一个好汉还要三个帮呢，何况凡夫俗子。一个单独的人，别说狮子、老虎斗不过，连日常生活都应付不了。粮食是农民种的，衣服是工人做的，住房是别人盖的，一个人不靠别人，单靠自己，决计是靠不住的。

靠人，不仅需要，而且必要。不善于靠人的人，恰恰是平庸的人、无所作为的人。

我们要研究的，不是要不要靠人的问题，而是如何靠人的问题。

我以为，靠人有四个要素。

第一，要有强烈的靠人意识。意识是行动的指南，以为别人靠不住的，就不会去千方百计依靠别人的力量为我所用，只有明了靠人是理所当然的、无可非议的、必不可少的，才会主动地去寻觅可以依靠的对象。

第二，要选对依靠的人。这个世界上，不是所有的人都适合为我所用，可以依靠的。所谓贵人相助，靠人，关键是要找到自己的贵人。

第三，可以靠人，但切不可依赖人，切不可把一切希望寄托在别人身上，人帮忙，离不开自身的努力。自己不努力，贵人相助也白搭。

第四，也要培养自己的能力，使自己拥有让别人依靠的能力。相互依靠，靠人才更可靠。

听我说完，境远说："这么说来，如何靠人，是我们每一个人的命题。"

自悟

有一次，我的手机在境远手上（用我的手机玩游戏），他见到一则朋友发我的消息："高总，深潜课程是王石先生一手打造，特有的'运动竞技＋咨询会诊＋大咖分享'模式，参与企业家评价百分之一百满意。在顶尖的经济管理、艺术健康名师课堂中丰富视野大格局。在王石和深潜研究团队一对一咨询中解决企业真问题。在赛艇、滑雪、蹦床等运动中，挑战生命新高度。深潜助力您创造商业成功的同时，收获健康丰盈的人生。"

境远问我："你去学习这样的课程吗？"

"不去！"我说。

"为什么？"

我说："我相信，王石自己一定不会对类似的课程感兴趣，要不然，他大约也成不了企业家了。

"上等人，自成人；中等人，教成人；下等人，教不成人。

自成人，就是自悟，自己在书中悟，在与人交往中悟，在社会实践中悟，而非在别人设定的模式中'被教育'，那样的话，至多达到中等水平，成不了一个人物、一个大家。王石，应该也是自悟者。如果有人把他的东西拿过来，机械地复制，再去教育别的人，可想而知，不会有多大的功效。

"我虽然不才，但我不想被教才成人，我还是有心要自悟，争取自悟成人。"

境远对"自悟"的话题感兴趣："那如何才能自悟呢？"

"一是要有强烈的自悟意识。二是自悟不是不学习书本知识和别人身上的长处，书还是要读的，但要活读，三人行还是有我师的，但不能照搬别人的经验。三是要注重实践，在实践中学习，并把悟到的东西去实践中检验。"

一个孩童对"自悟"的话题感兴趣，本身就说明有一定悟性。我看好境远，让时间来证明吧。

创业，才有人脉

唐境远才小学三年级，已有远虑。他问我，他学校毕业后想去创业，没有人脉怎么办？

我告诉他，有个农民企业家对我说过："创业了，你才有人脉。"这位企业家以自己为例：改革开放前，他就是个农民，哪来的什么人脉？后来他办了个村办企业，跟村长交上了朋友；企业办得不错，镇长来视察，他又有了镇长这个人脉；再后来，他的企业成了区里的纳税大户，他成了市人大代表，结识了许多企业家和政府领导，人脉大广。

不是有了人脉才去创业，而是创业了才有人脉。

创业是要具备条件的，但不是人脉，而是其他一些要素。比如，要有强烈的创业欲望。欲望是前提，没有这个前提，创业无从谈起。比如，要有坚韧不拔的毅力。创业不会一帆风顺，艰难困苦和挫折在所难免，没有足够的毅力，便会坚持不下去，中途退场，成为逃兵。比如，要有良好的思想方法。不是所有的努力都是有价值的，没有好的方法、没有巧干，苦干成功不了。

具备了上述创业的要素，创业的成功便指日可待。创业成功了，人脉也在其中了。而因创业成功带来的人脉，将帮助你走向更大的成功。境远接着我的话说："我明白了，人脉，天上不会掉下来，地上不会长出来，人脉只能从不断的社交中来，从商业往来中来，从与别人的互惠互利中来。"

多照照镜子

有一个女子，40来岁，长得漂亮，打扮得体，气质非凡。

俗话说，一个人30岁之前的容貌是爹妈给的，30岁以后的长相靠的是自己。

有人问那个佳人，如何把自己打造得如此美丽动人？佳人答："除了多读书、多思考，还要多照照镜子。"

她接着说，多照照镜子，不仅如古人所言"以铜为镜，可以正衣冠"，还可以提升自己的容貌。她常常对着镜子，练习自己的笑容、表情和说话的样子。"先让自己满意，才能取悦于人。"她说。

我赞赏这女子"多照照镜子"的观点，建议境远养成出门照照镜子的习惯。

境远还真喜欢上了照镜子。他会在镜前整理自己的服饰，梳理自己的发型,直到自以为英俊为止。一番修饰以后,10岁的他,恰如少年。

我还借照镜子的话题,要求境远"以人为镜知得失"。学习别人的优点,完善自己;吸取别人的教训,引以为戒。

境远喜欢总结,用自己的语言表达想法。他说:"多照照镜子,整好自己的模样;多以人为镜,取精华弃糟粕,天天向上。"

有人评价我说:"高鸣是儿童和成年人的结合体。"我感觉,境远也是儿童和成年人的结合体。

要微信,也要写信

一天,我在给远方的一个朋友写信,境远见了,好奇地问:"为什么不发微信,而要写信呢?"

我说:"写信,才郑重,才显示对收信者的尊重,才能更好地表情达意。"

微信有微信的好,制作方便,传递快捷;写信有写信的好,情深意切。

微信和写信,两者其实是可以共存共荣的,实在不该"既生瑜,何生亮"。这个道理简单得如同一加一等于二一样,人们是不难理解的,之所以厚此薄彼,还是人类普遍存在的两大毛病在作怪:一是喜新厌旧,视微信为时髦,视写信为落伍;二是懒惰,发微信一分钟解决问题,写封信耗时费力。

写信,确乎不时髦了,它已经有了几千年的历史,可不时髦的东西,不等于落后呀,不等于没有价值呀,不等于就该被淘汰出局呀。

当年,秦始皇听信谗言,把李斯赶走,李斯在途中致信秦皇,表明心迹,此举改变了秦皇之意,迅即召回,再度重用。恢复高考首年，我有个秘书同行高考未中，便给南大校长匡亚明写了封信，说明自己当县委书记秘书多年，文字功底不错，可惜没考好，期望破格录取，开明的匡校长被信说服，让南大录取了这个被考卷淘汰的人才。

1983年，我报考无锡人民广播电台当记者，成绩较差，未被录取。后来听说江苏人民广播电台也在招记者，考虑到自己不擅考试，就写信给台长王若渊，并附上自己在全国各类报纸上发表的100篇杂文。见信及文章100篇，王台长说："这个小伙子，把他招进来。免考！"就这样，我在省台一干34年。

写信真好！我的恋爱，也是写信写成功的。我还帮朋友写情书，把断了情的情人"写回来"。

写信的好，微信无法取代。

听了我写信的理由，境远总结说："要微信，也要写信。"

长板理论

唐境远说，有个短板理论，说的是一个木桶的装水量，不取决于所有的长板，而在于那块最短的板。根据这个理论，人，是不是要千方百计去补短呢？

我说，我有个长板理论，说的是一个人的成就，不取决于这个人的所有短处，而在于这个人最突出的长处。

短板理论告知我们，补短比扬长重要。长板理论告知我们，扬长比补短重要。

对于木桶来说，要补短。对于人来说，要扬长。

每一个人都是不一样的。由于遗传、所处环境等因素的不同，一个人有一个人的优势和劣势。就如在校学生，有的语文好，有的数学好，有的外语好。

学生走上社会以后，往往不是在校时门门功课不错但无特长的人有出息，而是某一门功课特好的人会大有作为。比如数学不及格的钱锺书写出了著名的《围城》，因偏科考不上大学的钱穆成了北大的名教授、一流的学者。

陶行知说："人生为一件大事而来。"

格力空调有句广告语："我们专做空调，所以做得更好。"

一个人也好，一个企业也好，只有在某一方面成为长板，遥遥领先，才能实现自身的最大价值。

人，只可能有自己的一个长板，把它拉长就好；若想长板多多，那是贪婪，结果是长板全无，陷于平庸。

听了我上述的一番话，境远笑着说："你的长板理论，让我对自己的短板释然了，对自己的未来充满了信心。"

别有私敌

在我的书里，境远读到毛主席的一句话："谁是我们的敌人，谁是我们的朋友？这个问题是革命的首要问题。"他对这句话感兴趣，问我："是不是人的一生中，注定会有朋友，也会有敌人？"

我说："朋友多多益善，至于敌人，该有公敌，别有私敌。"

"何为公敌？"境远问。

"公敌就是反人类的人，比如德国的希特勒。凡是有正义感的人，都会把这些人视为敌人。"

"何为私敌？"境远又问。

"私敌不是公众的敌人，仅是自己的死对头，仅是自己定义的敌人。"

我接着说，人生中难免会与一些人三观不合，会与一些人产生误会，会与一些人产生利益冲突，会与一些人互相反感，甚至会与一些人有不可调和的矛盾。对于这些人，或可远离之，或可化解矛盾，或可"不打不成交"，化"敌"为友。

朋友多一个好一个，既是情感的需求，又可互帮互助。私敌一个也太多，既坏了心情，又在敌对中两败俱伤。

老虎不是群体动物，占山为王，其他虎全是私敌，没有公敌。人是群体动物，群体才能生存。群体动物和为贵，公敌无可避免，私敌最好没有。

一个人没有公敌，证明这个人缺乏正义感和社会责任。一个人私敌多多，证明这个人心胸狭窄，不够善良。

听着听着，境远陷入了沉思。

拍照不看镜头

周末，陪境远去太湖边游玩，为他拍了数十张照片。回家一张张细看，发现无一例外，那些看着镜头的照片呆板、做作、不好看；而抓拍的，目光不对着镜头的照片，则自然而得体，神态轻松自若，很是"上照"。

我对境远说，看来，拍照一本正经，用力摆拍，反而效果不好，反而脱离了生活的常态，变得别扭。

拍照不看镜头，引申出一个道理：有些事，用力过度，适得其反。比如有些女子美容，浓妆艳抹，打扮过头，还不如素颜时看起来清新优雅。比如所谓的美甲，是把原先美丽的本色指甲，变成了张牙舞爪五颜六色的丑甲，俗不可耐。

还有，一些销售人员，见了客户，无休无止地推销产品，心急火燎地要求签约。如此这般，恰如拍照眼睛对着镜头，摆出"样子"，结果自然不佳。谈生意，还是要先聊聊家常，找点共同语言，让对方先认可自己，所谓先成功销售自己，再把产品或服务卖出去。

拍生活照，自然为好。化妆打扮，以看不出化妆打扮为好。做生意，淡化买卖关系为好。我问境远："从拍照不看镜头引申出来的道理，你能理解吗？"

"请别低估我的智商。"境远如是说。

竹林鸡

一次，带着境远去宜兴张公一号，赏风景，吃"农家乐"。

最好吃的一道菜是"竹林鸡"。

境远问，为什么"竹林鸡"特别好吃。

我说，顾名思义，"竹林鸡"的意思是所养之鸡不是圈养而是放养的，让鸡在竹林里到处跑，自己找食吃。

"竹林鸡"为什么味道鲜美呢？大约有三个原因：一是"竹林鸡"活动范围广，多动则肌肉多、活肉多，不像圈养鸡长出来的肥肉多；二是"竹林鸡"吃的东西杂，吃草吃虫吃野菜，食杂则营养丰富；三是"竹林鸡"不像关在圈里那样无聊，在竹林里自由自在，自由则心情舒畅，也许心情好对肉质也有关系吧。

由鸡的圈养和放养，我想到了在学校的学生。现在中国式的学校教育，大有把学生圈养起来的样子，就读学校规定的那几本书，就听老师怎么讲，就用标准答案来考。这样一来，就把学生框死了，学生少有时间读杂书，少有时间接触社会，少有时间思考问题。这样一来，就让学生死读书，读死书，结果越读越呆板，越读越愚蠢,就是学了一点书本知识,也是一个不明事理的人。

我鼓励境远尽量挣脱学校的分数教育,少读课内书,少做作业,考试前少复习,无视考试成绩。去书店,去图书馆,在家书房,自由地阅读,自由地思考。

境远笑言:"你要我不做'圈养鸡',而做'竹林鸡',正合吾意!"

胜而有利才好

胜利,胜利,胜而有利才好,胜而有利才是胜利。

年少时不懂,以为胜了就是胜利,做了不少胜而无利的事,回想起来,很是惭愧。

记得在幼儿园,有个叫苏勇宁的男孩跟我不和,还不时打起来。我决意战胜他,在一次打斗中,我使出全力,终于把他打倒在地,让他求饶。开始以为自己胜利了,可"不利"接踵而来,先是受到老师严厉批评,后是被母亲知道后挨打,而且,这个手下败将从此跟我结下了深仇大恨。

记得在初中时,为了在全镇跨栏和100米跑第一名,参加县运动会,平时训练中,曾摔得头破血流。因当时营养不良,还累得血尿。第一名的目标是达到了,胜了,可利全无,白吃了苦。

上高中时,又被市射击队选中,受训三年,参加了江苏省第八届运动会,为胜而做了许多无利功。

还是毛主席说得好:"发展体育运动,增强人民体质。"增强体质是利,有意义,那个比赛、那个名次,是无利的,不该当回事。

说完上面的话,我对境远说:"读书是重要的,思考是重要的,健康成长是重要的,但学校的考试成绩是不重要的,文凭是不重要的,学历是不重要的。假如你日后考上了名牌大学,仅是胜了,不等于胜和利兼得。"

境远说:"赞同你的观点,胜而有利才好,才是胜利。"

附录：唐境远趣事

唐境远的心声

我的小外孙唐境远跟我感情甚好，空闲时间最喜欢和我在一起。有人问他："为什么喜欢外公？"6岁的他稍加思索后答："因为外公给我自由、鼓励、帮助。"

显然，这是唐境远的心声。自由、鼓励、帮助，应该是所有儿童最最需要的，唐境远的话其实是说出了小孩共同的心声。

如今的绝大部分孩童，不缺物质，也不缺长辈的宠爱，他们缺的恰恰是唐境远总结的自由、鼓励和帮助。

先说自由。孩童正是喜欢自由地玩耍的年龄段，可我们的家长和学校，很大程度上普遍剥夺了孩子玩耍的自由：家长按自己的喜好让孩子去学钢琴、学绘画之类；学校布置过多的家庭作业，填满了孩子的空余时间。如此这般，孩子别说纯粹自由地玩了，连自由地看课外书的机会也少得可怜。

再说鼓励。好多家长和学校老师，为了给孩子施加竞争压力，生怕孩子骄傲，过多指出孩子的不足，过多批评，缺少应有的表扬和鼓励，弄得孩子不够自信，闷闷不乐。

再说帮助。众多的家长，对孩子只会包办代替，不善于帮着孩子一起去做一点事，解决一些问题。而学校呢，只是一味地灌输知识，没有和孩子一起讨论问题，在讨论中帮助孩子明白事理。

不给孩子自由、鼓励、帮助，孩子对你就没有感情，无论你是父母、爷爷奶奶、外公外婆，还是教书育人的老师。

有个民办学校的董事长，新近听说了唐境远喜欢外公的理由，深有感慨，决定将"自由、鼓励、帮助"六个字，用作校训，以使老师和家长铭记于心，落实到行动上。

唐境远说"你真笨"

在校读书，我成绩可以。好多同学课外会请教我，我诲人不倦，总是热心地给予解答，但心里会对请教我的人说："你真笨！"

后来当了报社编辑，对悟性差的作者一不小心就会说出"你真笨"的话语来。

再后来一边当记者一边办了个传媒公司，对办事不力的员工，对拎不清我这个老板意图的员工，我也习惯于抱怨说："你真笨！"

"你真笨"这三个字，我一生中说过无数次，说得那样自然，那样无所顾忌。

一天，我那3岁半的小外孙唐境远跑来我身边，要我在苹果手机上帮他下载一个可以看动画片的软件。这可难住了我，我对此一窍不通，无能为力。小外孙见我不会操作，大失所望，脱口而出："你真笨！我找爸爸去。"

"你真笨！"我才第一回领教，听后颇有点无地自容。我倒不是惭愧于不懂电脑，不会下载之类，我难为情的是，过去不该动不动就说别人"你真笨"。其实，每一个人都有自己的所长，也不可避免会有这样那样的所短。以己之长讥笑别人所短，实在是幼稚和不厚道的。

自从外孙批评我"你真笨"之后,我再也不好意思说"你真笨"了。

说"你真笨",从某种意义上讲,恰恰暴露了自己的愚笨。我有此反思,倒是聪明的表现。

唐境远分糖

这个故事是我女儿讲给我听的。

那天,我先生给我刚满4岁的儿子唐境远出了一个题目:假设有一个弟弟一个妹妹和他共3人,有两颗糖,问他怎么分。

我当时心里想:要么他贪心一点,两颗都自己吃了;要么他高风亮节,自己不吃,让弟弟妹妹一人一颗;折中一些,他自己吃一颗,弟弟妹妹分着吃一颗。当然,最公平的做法是每颗糖一分三,各人一份。不过,这个分法太拘谨,也不好操作(一颗糖一咬二比较方便,一咬三往往就碎了)。

这时唐境远脱口而出:"我把一颗糖与妹妹一人一半,另一颗糖与弟弟一人一半。"

细想一下,竟比我的四种分法都好——兼顾了表面公平和个人利益。

人说,后生可畏!我说,孩童可畏!

唐境远的逻辑

我的小外孙唐境远3岁时，很是不喜欢去幼儿园，父母强行把他送去，他无可奈何。

在幼儿园，他"坏事"干尽：一会儿因争水喝在邻座的小朋友脸上抓一把，弄得他脸上有伤痕，哇哇大哭；一会儿用脚像踢足球一样踢小椅子，把数张小椅子踢个底朝天；一会儿把教室的门打开，又使猛劲关上……

去幼儿园接他时，老师对我数落他的种种不是。

回家路上，我问小外孙，为什么在幼儿园做下那么多"坏事"？

他脱口而出："因为没好事可做！"

唐境远说"装病"

这个故事发生在我的小外孙身上。

小外孙刚满3周岁，姓唐名境远，先天足，后天调养也不差，故身体状况蛮好的。不过，一年半载有个咳嗽感冒总是难免的。

有一次，我们发现他到了吃饭时间没有食欲，感觉不对劲，一量体温，果然有问题——高烧39℃。于是他外婆说："小孩不装病。"

又有一次，他在外没走几步路就要求大人抱，一反平时喜欢自己走不要别人抱的常态。一摸他额头，烫烫的。于是他爷爷也说："小孩不装病。"

年初六晚上，他缠着要我给他讲故事，我说："我肚子里的故事都讲完了，今天你讲个故事给我听听吧。"他沉思片刻，讲了如下的故事：有个小孩名叫唐境远，几次听到大人说"小孩不装病",于是他想,以后可以装病了,因为反正大人看不出来,大人相信——小孩不装病。

唐境远说"惊喜"

3月11日是我的生日。我不刻意过生日,可这一天总要过啊,一日三餐总要吃啊。

这天晚上,我那3周岁的外孙唐境远陪我吃晚饭。餐厅在38楼。当我来到一楼时,小外孙已在电梯口的沙发上等候。见到我,他兴高采烈,神秘地说:"外公,到了餐厅,我会给你一个惊喜。"

"什么惊喜?"我问。

"一个大大的惊喜!"他答,故意答非所问。

"什么大大的惊喜?"我继续问。

"一个超级大大的惊喜!"他答,依然故意答非所问。

问答之间,我们来到了38楼的餐厅,见到了所谓的"惊喜"——一大包爆米花,那是我生平最喜爱的食品。

唐境远送我爆米花,我自然开心,可远不够惊喜。让我惊喜的倒是,3岁的他,竟有如此口才,把惊喜分三个层次——惊喜,大大的惊喜,超级大大的惊喜。还有,他还能卖关子,并不立马说出让我惊喜的内容,懂得先有悬念,再揭谜底。还有,他会投我所好,施于我所欲的东西,而非施于我并不喜欢的鲜花之类。

三龄童有如此智商和情商,我这个当外公的惊喜,自在情理之中。

我相信,我并不是"外孙自己的好",我是举贤不避孙!

图书在版编目（CIP）数据

精养：智慧家教200例 / 高鸣著. -- 济南：济南出版社，2022.9

ISBN 978-7-5488-5227-8

Ⅰ.①精… Ⅱ.①高… Ⅲ.①家庭教育-案例 Ⅳ.①G78

中国版本图书馆CIP数据核字（2022）第180588号

精养：智慧家教200例

出 版 人	田俊林
责任编辑	朱 琦　代莹莹
特邀编辑	许 峰
责任校对	于 畅
封面设计	胡大伟
出版发行	济南出版社
地　　址	济南市市中区二环南路1号（250002）
发行电话	（0531）86131729　86131746
	82924885　86131701
印　　刷	济南新先锋彩印有限公司
版　　次	2022年9月第1版
印　　次	2022年10月第1次印刷
成品尺寸	150mm×230mm　16开
印　　张	15.5
字　　数	260千
定　　价	68.00元

（济南版图书，如有印装质量问题，请与印刷厂联系调换）